Roland M. Löscher

49 schnelle Wege zum Umsatzwachstum

Roland M. Löscher

49 schnelle Wege
zum Umsatzwachstum

Kurze Tipps für dauerhaften Erfolg

unter Mitarbeit von Christiane Hofmann

GABLER

Bibliografische Information der Deutschen Nationalbibliothek
Die Deutsche Nationalbibliothek verzeichnet diese Publikation in der
Deutschen Nationalbibliografie; detaillierte bibliografische Daten sind im Internet über
<http://dnb.d-nb.de> abrufbar.

1. Auflage 2010

Lektorat: Barbara Möller

Gabler Verlag ist eine Marke von Springer Fachmedien.
Springer Fachmedien ist Teil der Fachverlagsgruppe Springer Science+Business Media.
www.gabler.de

Umschlaggestaltung: KünkelLopka Medienentwicklung, Heidelberg
Satz: Fotosatz L. Huhn, Linsengericht
Druck und buchbinderische Verarbeitung: MercedesDruck, Berlin
Gedruckt auf säurefreiem und chlorfrei gebleichtem Papier
Printed in Germany

ISBN 978-3-8349-2382-0

Inhaltsverzeichnis

Vorwort

Nachdem mein erstes Buch „Verkaufen in der Krise" (in Zusammenarbeit mit Roland Geisselhart) nach nur neun Monaten in die dritte Auflage ging, folgt nun ein übersichtlicher Ratgeber für Unternehmer und Verkäufer mit 49 kurzen, prägnanten und pragmatischen Praxistipps, die sich auch in schwierigen Zeiten schnell und leicht im Alltag umsetzen lassen.

Die Idee zu diesem Ratgeber entstand aus zahlreichen Gesprächen mit Unternehmern und Verkäufern, aus Anregungen von Seminarteilnehmern, Rückmeldungen von Lesern meines ersten Buches, Kontakten mit Kunden und Kritikern – und nicht zuletzt aus meinen eigenen Erfahrungen. Immer wieder begegnete mir der Wunsch nach einem Buch, das ein Impulsgeber und Ideen-Reservoir sein sollte. Ein Buch also, aus dem man sich rasch und einfach neue Anregungen und Umsetzungstipps für Umsatzsteigerungen holen kann, ohne dass man es im Ganzen oder große Teile davon am Stück lesen muss. Diesen Wunsch erfülle ich nun mit dem vorliegenden Ratgeber mit großer Freude.

Wirtschaftliche Krisen sind meistens ihrem Ursprung nach keine Kostenkrisen, sondern Absatz- und Umsatzkrisen. Das heißt, dass es zwar durchaus sinnvoll ist, die Kostenseite kritisch zu beleuchten und als Sofortmaßnahme Einsparungen vorzunehmen und die Produktivität zu steigern. Gleichzeitig kann das keine nachhaltige Lösung der Problematik sein, da dadurch die eigentliche Ursache nicht beseitigt wird. Wer allerdings die Stabilisierung und Verbesserung von Absatz, Umsatz und auch Marktanteilen in den Fokus rückt und bereit ist, neue Wege einzuschlagen, wird jetzt und auch in der Zukunft deutlich profitieren. Denn „nach der Krise" ist bekanntlich „vor der Krise" – die nächste kommt bestimmt.

So ist das vorliegende Buch nicht in erster Linie ein „Lese"-Buch im üblichen Sinn, sondern eher ein pragmatisches und übersichtliches Nachschlagewerk, das durch seine Beispiele, Denkanstöße und Strategien allen am Wertschöpfungsprozess Beteiligten neue Handlungsspielräume eröffnet und sie damit aus der Gefahr einer „Opferrolle" befreit. Dafür habe ich zahlreiche Ideen aus der Praxis, meine eigenen Erfahrungen und auch wertvolle Anregungen anderer Autoren in diesem Buch vereint.

Mein Dank gilt den Mitwirkenden und Unterstützern dieses Buches, hierbei besonders Christiane Hofmann. Ihr haben Sie, liebe/r Leser/in, es zu verdanken, dass auch dieses Buch leicht und verständlich geschrieben ist und damit sicher wieder von vielen gerne und mit Freude gelesen wird. Die zahlreichen kritischen Gespräche und konstruktiven Anmerkungen waren mir immer sehr wertvoll. Meiner Frau Helga danke ich für ihre Anregungen und wertvollen Hinweise und dafür, dass sie mir in den entscheidenden Phasen eine geduldige Zuhörerin war. Mein Dank und mein Respekt gilt nicht zuletzt auch meinen Kunden und Klienten, die es oftmals noch besser „hinkriegten", als wir es uns in gemeinsamen Krisen- und Beratungsgesprächen vorstellen konnten ...

Ich wünsche Ihnen, liebe Leserin, lieber Leser, viel Spaß beim Durchforsten unserer 49 Anregungen und viel Erfolg beim Umsetzen!

Ihr
Roland M. Löscher

21 Denkanstöße und Tipps für Unternehmer

Vergrößern Sie Ihr Marktpotenzial ...

Eine wirtschaftlich schwierige Situation hat immer vielfältige Auswirkungen auf das Kaufverhalten der Kunden: Viele sparen lieber ihr Geld und schieben Anschaffungen, die nicht unbedingt akut notwendig sind, eher noch eine Zeitlang hinaus. Andere Dinge wie Restaurantbesuche, Luxusartikel oder Urlaubsreisen werden von der Wunschliste gestrichen oder in einer preisgünstigeren Variante realisiert. Dann wird das neue Handy eben bei Ebay ersteigert statt im Fachgeschäft an der Ecke gekauft ...

Jetzt sind Sie als Unternehmer – egal ob in einer großen Firma oder im kleinen Ein-Mann-Betrieb – mit all Ihren Potenzialen gefordert, die „richtigen" Maßnahmen zu ergreifen, damit Ihr Unternehmen nicht untergeht. Auf den ersten Blick gibt es die unterschiedlichsten Stellschrauben, mit deren Hilfe Sie versuchen können, Ertragseinbußen zu verhindern und Ihr Schiff auf Kurs zu halten:

- die Kosten senken,
- die Umsätze erhöhen,
- neue bzw. andere Produkte anbieten,
- starke Produkte weiterentwickeln, schwache aus dem Sortiment nehmen,
- mehr Kunden gewinnen,
- an die vorhandenen Kunden mehr verkaufen,

und anderes mehr – bestimmt haben Sie selbst schon längst eine solche Liste in der Schreibtischschublade liegen oder zumindest im Hinterkopf angedacht.

Wir wollen Ihnen einige Möglichkeiten vorstellen, wie Sie Ihr Marktpotenzial vergrößern können – hinsichtlich Ihres bislang genutzten Aktionsradius, Ihrer bisherigen Zielgruppe und auch in Bezug auf den momentan von Ihnen angebotenen Kundennutzen. Denn auch in schwierigen Zeiten gibt es noch genügend Produkte und Dienstleistungen, die stabile (oder sogar wachsende!) Umsätze versprechen; hier gibt es selbst innerhalb ein und derselben Branche deutliche Unterschiede. So sind im Bereich Maschinenbau im Jahre 2008 die Umsätze für Textilmaschinen im Vergleich zum Vorjahr um 32 Prozent zurückgegangen, während im gleichen Zeitraum 35 Prozent mehr Maschinen für Verfahrenstechnik verkauft werden konnten (Verband Deutscher Maschinen- und Anlagenbau e. V. VDMA, Frankfurt 2009).

Gerade in schlechten Zeiten werden die Marktanteile oftmals völlig neu unter den Anbietern verteilt; schwache Wettbewerber gehen in die Knie (genauer gesagt in Konkurs), die starken bauen ihre Position am Markt aus und stabilisieren sich. Wissen Sie, wo Sie – im Vergleich mit Ihren Mitbewerbern – mit Ihren Angeboten im Markt stehen? Und wissen Sie auch, wo Sie sich gerne dauerhaft positionieren möchten?

Tipp 1: … bezüglich Ihres Aktionsradius

Um was es geht:

Erweitern Sie Ihren Spielraum! Das, was Sie anbieten, kann möglicherweise auch in einer anderen Umgebung für Kunden interessant sein und neue Umsätze bringen. Wagen Sie den Schritt hinaus aus der bisherigen Komfortzone und experimentieren Sie bezüglich Ihrer bisherigen räumlichen (und zeitlichen) Grenzen.

I) Die erste Möglichkeit, den Aktionsradius zu erweitern, ergibt sich ganz einfach auf der *geografischen oder regionalen Ebene*: Können Sie Ihr Angebot auch in der benachbarten Stadt oder über eine benachbarte Branche an den Kunden bringen? Möglicherweise gelingt eine solche Expansion in relativ kurzer Zeit und mit einem vertretbaren Aufwand:

Beispiele:

1. Auf unserem Wochenmarkt steht samstags ein Verkaufswagen einer Bäckerei, die ihren Stammsitz rund 60 km entfernt hat. Seit mehr als zehn Jahren. Als ich die Verkäuferin eines Tages fragte, ob sich die weite Anfahrt denn überhaupt lohne, antwortete sie: „Ich habe hier sehr viele Stammkunden, und jede Woche kommen neue dazu. Das auswärtige Autokennzeichen lockt die Leute an: Sie sind neugierig, was wir Besonderes zu bieten haben, und unsere Qualität überzeugt. Also kommen sie in der nächsten Woche wieder. Ich habe hier den doppelten Umsatz wie in unserer Stadt."

2. Ein Bauunternehmen in der Eifel agierte bislang nur mit einem Radius von etwa 75 km. Als die Nachfrage drastisch zurückging, beteiligte sich die Firma auch an Ausschreibungen für Projekte, die weiter entfernt lagen (bis 150 km), und gewann schnell neue Auftraggeber dazu.

Wahrscheinlich kann der Unternehmer auf diese Weise seine Umsätze nicht drastisch erhöhen, aber er minimiert zumindest die Verluste und kann mit den Deckungsbeträgen seine Angestellten weiterhin beschäftigen, bis sich die Lage wieder entspannt.

3. Ein Unternehmen, das hochwertige Elektrowerkzeuge produzierte und vertrieb, verkaufte bislang ausschließlich an Profihandwerker. In der Krise wurde ein ausgewähltes Segment zusätzlich über Baumärkte angeboten – bereits nach wenigen Wochen resultierten daraus 5 Prozent vom Gesamtumsatz.

(Beispiele 2 und 3 nach Simon (2009), S. 97/98)

Oft birgt das Thema „regionale Ausweitung" für Ihr Produkt oder Ihre Dienstleistung zumindest kurzfristig neue Umsatzchancen, oder Sie kommen durch eine solche Aktion auf noch weiter führende neue Ideen. Es kommt nicht einmal in erster Linie auf die in Kilometern gemessene Entfernung an, sondern nur darauf, neue Orte für neue Umsätze ausfindig zu machen. Ein Beispiel dafür sind die Bäckereien, die in den letzten Jahren das Prinzip der Shop-in-Shop-Backstuben kennen- und schätzen gelernt haben: Wer in den Supermärkten vertreten ist, also genau dort, wo der Kunde sowieso schon ist, bekommt das auch honoriert.

II) Ein anderer Aspekt bezüglich Ihres Aktionsradius im übertragenen Sinn ist das *Thema „Zeit"*: Wie lange steht Ihr Unternehmen den potenziellen Interessenten am Tag oder in der Woche zur Verfügung? Fakt ist, dass die Kunden mittlerweile in vielen Branchen die Möglichkeit haben, sich rund um die Uhr über bestimmte Produkte oder Dienstleistungen zu informieren und, falls gewünscht, das Gesuchte gleich zu bestellen. Was zunächst mit Versandhauskatalogen begann, findet inzwischen durch das Internet mit seiner 24-Stunden-Verfügbarkeit einen vorläufigen Höhepunkt: Es gibt „alles", und zwar „zu jeder Zeit". Zu welchen Zeiten sind Sie für Ihre Kunden präsent?

Interessant ist das sogenannte „24/7-Prinzip" (24 Stunden Service an 7 Tagen in der Woche) vor allem in solchen Branchen, in denen die Ausweitung der zeitlichen Verfügbarkeit auch einen klaren Vorteil und somit eine Attraktivität für den Kunden darstellt:

Ein Beispiel:

Die Firma Lely aus Holland produziert Maschinen für die Landwirtschaft, unter anderem auch moderne Melkroboter. Diese funktionieren (vereinfacht dargestellt) folgendermaßen: Die Kühe gelangen einzeln durch eine Schleuse in eine kleine Kammer, wo sich die Melkvorrichtung automatisch selbst in Position bringt, sobald die Kuh am Platz steht; gleichzeitig bekommt sie während des Melkvorgangs ihr Futter zugeteilt. Die Tiere gehen selbständig zum Melken; ein Mikrochip am Halsband aktiviert ein Erkennungssystem an der Schleuse, das die Milchmenge dem einzelnen Tier zuordnet und registriert oder aber – falls der letzte Melkvorgang erst kurz zurückliegt – den Eintritt verweigert. Dieses System arbeitet natürlich rund um die Uhr; die lästigen Melkzeiten morgens und abends entfallen für den Landwirt. Auch lässt sich der Melkroboter bei Bedarf von einer Einzelperson überwachen – ein großer Unterschied zu früher, wo für denselben Vorgang je nach Anzahl der Kühe oft deutlich mehr Personen gleichzeitig im Einsatz sein mussten. Das einzige Problem: Der Melkroboter darf nicht ausfallen!

Wenn eine solche Maschine ausfällt, kostet jede Stunde Stillstand den Betreiber ein Vermögen. Die Anschaffung und Installation eines derartig flexiblen Systems hängt denn auch – nachvollziehbar – in den meisten Fällen von einer 24/7–Verfügbarkeit der zugehörigen Service- und eben auch Reparaturleistung ab.

Genauso hilfreich für den Kunden wären abendliche Öffnungszeiten beim Friseur oder die Samstags-Sprechstunde beim Zahnarzt: Eine befreundete Zahnärztin, die nahe der Schweizer Grenze praktiziert, arbeitet seit Jahren zweimal im Monat am Samstag, vor allem für die berufstätigen Privatpatienten aus der Schweiz. Das ist so lukrativ, dass sie während der Woche eineinhalb Tage freinehmen kann.

Auch der Autohändler, der seinen Kunden anbieten würde, die fällige Jahresinspektion im tatsächlichen Wortsinn „über Nacht" durchzuführen, hätte mit Sicherheit in punkto Kundenservice die Nase vorn – die meisten Autofahrer benutzen ihre Fahrzeuge vorwiegend tagsüber, nachts stehen sie dann ohnehin in der Garage.

Gehen Sie die folgenden Fragen in Bezug auf Ihr Unternehmen durch:

- Welche zeitliche Verfügbarkeit ist in Ihrer Branche Standard?

- Könnte oder sollte Ihr Angebot dem Kunden zu anderen Zeiten, länger oder gar rund um die Uhr zur Verfügung stehen?

- Für welche Teilsegmente Ihrer Produktpalette würde das am ehesten Sinn machen?

- Oder würde es schon genügen, wenn der Kunde sich rund um die Uhr informieren kann, zum Beispiel über Ihren Internetauftritt?

- Wäre es praktisch und/oder hilfreich für Ihre Kunden, wenn sie Ihre Produkte oder Dienstleistungen jederzeit bestellen könnten?

- Welchen konkreten Nutzen bieten Sie Ihren Kunden durch eine zeitliche Ausweitung Ihres Angebots?

Zu fast allem, was Kunden kaufen oder in irgendeiner Form konsumieren können, gibt es Informationen im Internet. Sie können – rund um die Uhr – eine Paketabholung für den nächsten Tag ordern, online ein Taxi bestellen oder in den neuesten Bestsellern schmökern, ohne dass sie dazu vom Schreibtisch aufstehen müssten. In unserer Stadt gibt es seit kurzem sogar einen Friseur der seine freien Termine ins Internet stellt – und die Kunden suchen sich, notfalls nachts um zwölf, die passende Zeit aus und tragen sich online ein.

Im Newsletter „Werbe- & PR-Profi" vom 22.12.2009 standen unter den „Werbetrends des Jahres 2010" u. a. die folgenden zwei Punkte:

Dezentrale Werbung: Braucht man heutzutage noch eine Website? In vielen Branchen ist sie jedenfalls nicht mehr so wichtig. Das sagt Peter Eich, Chef von Europas größtem Radreiseveranstalter ganz treffend. „Es ist viel wichtiger, den Inhalt über die eigene Destination auf den verschiedensten Stellen im Web zu pflegen, als eine eigene Webseite zu betreiben. Und wenn man für beides gemeinsam keine Zeit hat, sollte man sich für den Inhalt entscheiden und gegen die eigene Webseite. Denn eine touristische Destination hat auf Tripadvisor, Facebook, Wikipedia etc. längst viel mehr Besucher als auf Ihrer eigenen Webseite." Pflegen Sie also Ihre Daten an den wichtigsten Stellen im Netz ein – den Anfang machen Sie immer bei den Suchmaschinen. Sorgen Sie dort für die korrekten Einträge. Legen Sie sich Profile und Seiten in den sozialen Netzwerken an – Facebook und Twitter werden noch wichtiger werden.

Nähe: Seien Sie dort, wo Ihre Kunden und Gäste sind. Die Konsequenz aus diesem Trend zog Vancouver Island und löste die eigene Webseite auf. Stattdessen wanderte der Inhalt auf das Tourismusportal von British Columbia, und man kümmerte sich auf Twitter und Facebook um die Anliegen der Gäste.

Kurz gefasst:

Überlegen Sie, wo Sie sich der impliziten Kundenerwartung „alles ist überall und jederzeit verfügbar" anpassen und dadurch Ihren räumlichen und zeitlichen Aktionsradius vergrößern (und möglicherweise Ihre Umsätze steigern!) können.

Tipp 2: ... bezüglich Ihrer Zielgruppe

Um was es geht:

Wenn Unternehmen heute noch wachsen wollen, müssen sie sich darum kümmern, aktiv neue Kundengruppen zu erschließen. Mit den richtigen Ideen und dem Mut, über den eigenen Tellerrand hinaus zu schauen, werden Sie möglicherweise Kunden entdecken, an die in Ihrer Branche bislang noch niemand gedacht hat.

In der Krise wird der Markt vom Verkäufermarkt zum Käufermarkt: der Kunde hat eine stärkere Position, und die Verkaufsstrategien der Unternehmen richten sich intensiver und exakter auf seine Bedürfnisse aus als zuvor. Eine Kundengruppe, die in den nächsten Jahren immer mehr Bedeutung erlangen wird, ist z. B. die Generation 60plus: Die älteren Menschen werden zahlenmäßig immer mehr – und viele von ihnen haben Geld. Genauer gesagt: Diese Generation verfügt über drei Viertel des Konsumkapitals, und gleichzeitig werden bislang nur fünf Prozent der Ausgaben für Werbemaßnahmen in diesem Sektor investiert.

Genauso sind Kinder und Jugendliche eine Käuferschicht, die heutzutage ein wesentlich größeres Marktpotenzial darstellt als noch vor 20 oder 30 Jahren: Wer aus unserer Generation hätte es sich als 12-Jähriger leisten können, ein eigenes Fotohandy zu nutzen oder seine Jeans in der Boutique zu kaufen? Gegessen wurde mittags zuhause mit der Familie – im Zuge der Einrichtung von Ganztagsschulen kommen mittlerweile McDonald's und Döner-Buden in Schulnähe zu bislang ungeahnten Umsätzen.

Viele Branchen haben inzwischen auch Frauen als eine Käuferschicht mit speziellen Ansprüchen entdeckt: es gibt Finanzberatung von Frauen für Frauen, Versicherungen die stärker auf ihre Bedürfnisse ausgerichtet sind, Autohersteller orientieren sich bei der Ausstattung von Kleinwagen an weiblichen Wünschen und Kriterien und vieles mehr.

Ein kluger Blick über den eigenen Tellerrand kann sich also schnell aus-zahlen: Wo kann ich mein Produkt oder meine Dienstleistung einer Kun-dengruppe anbieten, die ich bislang zu wenig oder noch gar nicht berück-sichtig habe?

Beispiele:

1. Einem Hersteller von Kunststoff-Profilen, der bislang hauptsächlich Fensterbauer beliefert hatte, fiel auf, dass er einen neuen Kunden in seiner Kartei hatte, der offensichtlich nicht zur Branche gehörte. Er war neugierig und begann zu recherchieren; es stellte sich heraus, dass dieser Kunde eine Werbeagentur betrieb. Im dann folgenden Telefonat erfuhr der Firmenchef, dass seine Profile sich vom Material und ihrer Beschaffenheit her besonders gut eigneten, um daraus variable Wer-beflächen zu bauen. In Zusammenarbeit mit der Agentur entwickelte die Firma daraufhin gleich die passenden Teile für die gewünschten Werbeflächen – und man betrieb anschließend mit diesem neuen Pro-dukt Kaltakquise bei anderen Werbeagenturen. Mit Erfolg: Mittlerweile bringen bei diesem Hersteller die Werbeagenturen etwa zehn Prozent des Gesamtumsatzes ein.

2. Der Schweizer Werner Kieser entwickelte ein neues Konzept für Fitness-Studios, indem er sich fragte, wie man neue Kundengruppen erschließen könnte. Er etablierte ein „gesundheitsorientiertes Kraft-training" und stellte die weit verbreiteten Rückenbeschwerden in den Mittelpunkt: „Ein starker Rücken kennt keinen Schmerz" wurde zu seinem Wahlspruch. In seinen Studios gibt es statt Musikberieselung ärztliche Betreuung, statt Laufbändern Geräte, die stützende Muskula-tur aufbauen. Der typische Kieser-Kunde ist 44 Jahre alt, nicht beson-ders sportlich und war in den meisten Fällen zuvor noch nie in einem Fitness-Studio. Anders ausgedrückt: Diese Kunden wären nie in ein „normales" Studio gegangen. Werner Kieser ist es gelungen, ein tem-poräres Monopol zu errichten, indem er sich fragte, wer die typischen Kunden in einem Fitness-Studio sind und mit welchem Ambiente man sie anlockt – und dann mutig genug war, neue Wege zu gehen.

(nach: Förster/Kreuz (2007), S. 57ff.)

Eine clevere Frage ist auch die folgende: Wer hat die Zielgruppe, die ich auch gerne hätte – und gleichzeitig ein Produkt, das zu meinem nicht in direkter Konkurrenz steht? Mit einem klugen Huckepack-Marketing lassen sich Kundengruppen bisweilen auch austauschen; so kann beispielsweise der Optiker seinen Kunden das Fachgeschäft für Hörgeräte von neben-an empfehlen, und dessen Besitzer legt seinen Kunden im Gegenzug den Optiker ans Herz: Kunden die schlecht sehen, haben möglicherweise über kurz oder lang auch Hörprobleme und umgekehrt, und gerade ältere Men-schen sind oft dankbar für einen vertrauensvollen Tipp.

Was Sie außerdem verfolgen können, ist die Idee, Kunden von angeschla-genen Konkurrenten abzuwerben. Oft genügen schon erste Gerüchte über Gefährdung oder Insolvenz eines Unternehmens, um die Bereitschaft der Kunden zu erhöhen, ihren Anbieter zu wechseln – vermutlich hat im Herbst 2009 niemand mehr mit gutem Gefühl eine Waschmaschine bei Quelle gekauft... Auch haben viele Kunden – trotz der versprochenen Ein-lagensicherung – ihre Gelder von den angeschlagenen Banken abgezogen. Und die Verfügbarkeit von dauerhaftem Kundendienst oder langfristiger Ersatzteillieferung ist und bleibt für viele Konsumenten ein wichtiges Kri-terium bezüglich ihrer Kaufentscheidungen.

(Wenn Sie noch einen Schritt darüber hinausgehen können und wollen, überlegen Sie sich, ob es wirtschaftlich und inhaltlich sinnvoll ist, nicht nur die Kunden, sondern gleich den ganzen Betrieb eines Konkurrenten durch eine clevere Übernahme in Ihr Unternehmen einzugliedern. Hier gilt es allerdings sehr genau zu prüfen, ob Sie dadurch rasch wirksame Vorteile erwirtschaften können, zum Beispiel ob sich Abteilungen zusammenlegen lassen oder ob es zu deutlichen Einsparungen führt, wenn Einkauf, Ver-trieb, Buchhaltung und andere Abteilungen gemeinsam organisiert werden. Prüfen Sie wirklich gründlich: Im Zweifelsfall lassen Sie es lieber bleiben. Erfolgreiche Manager übernehmen im Schnitt deutlich weniger als die Hälfte der in Konkurs gegangenen Firmen, die sie übernehmen könnten, und fahren gut damit...)

Einer der besten und erfolgreichsten Wege, neue Kunden zu gewinnen, ist nach wie vor die Mundpropaganda: Immer mehr Kunden und Konsumen-ten beschaffen sich ihre Informationen selbst – am liebsten von anderen (im besten Fall zufriedenen) Kunden. Umso besser, wenn über Ihr Un-ternehmen und Ihre Produkte positiv gesprochen wird! Achten Sie also bei Ihren Marketingmaßnahmen auch auf den Gesprächsfaktor: Ist das, was Sie anbieten und wie Sie das tun (im Wortsinn) „be-merkens-wert"? Werden sich die Kunden und die Interessenten darüber unterhalten? Wann? Wie oft? Wie intensiv? Und vor allem: wie begeistert?

Checkliste:

● Welche Altersgruppen gehören bereits zu Ihrem Kundenstamm, welche könnten Sie sich noch erschließen?

● Welche Kunden liegen knapp neben Ihrem Tellerrand, und wie können Sie diese erreichen?

● Welche Rückschlüsse auf mögliche neue Zielgruppen können Sie aus Ihrer Kundenkartei ziehen?

● Wo können Sie unter Umständen von Schwierigkeiten Ihrer Mitbewerber profitieren bzw. deren Mängel oder Nachteile für den Kunden mit Ihrem Angebot ausgleichen?

Ein cleverer Sanitärbetrieb im Nachbarort inserierte vor kurzem „Rundum-Service und Reparaturen für alle Quelle-Geräte" in der durchaus berechtigten Annahme, damit die Menschen anzusprechen und als Kunden zu gewinnen, die in den letzten Monaten vor der Insolvenz des Versandhauses dort noch Elektrogeräte gekauft hatten.

Kurz gefasst:

Haben Sie den Mut, auf der Suche nach neuen Kunden über Ihren Tellerrand hinauszuschauen. Mit ein bisschen Fantasie und Kreativität lassen sich auch jetzt noch und in der Zukunft immer wieder neue Kundengruppen hinzugewinnen.

Tipp 3: ... bezüglich des von Ihnen angebotenen sichtbaren Kundennutzens

Um was es geht:

Heutzutage ist das Produkt selbst oftmals nicht allein ausschlaggebend für eine Kaufentscheidung – der Kunde will (und bekommt) meist mehr: einen wie auch immer gearteten Zusatznutzen. Und der ist dann das Zünglein an der Waage ...

Als erstes stellen sich natürlich die folgenden Fragen:

● Worin sind wir wirklich gut?
● Wie und wo liefern wir einen hohen Kundennutzen?

- Und warum sollte ein Kunde gerade bei uns kaufen?

Indem Sie sich gedanklich in den Kunden hineinversetzen, machen Sie sich bewusst, was Sie ihm jetzt schon Besonderes anbieten können. Darauf aufbauend überlegen Sie dann, welchen zusätzlichen Nutzen Sie für ihn außerdem kreieren können, der Sie *wirklich* einzigartig macht:

- Gibt es Produkte oder Dienstleistungen, die Ihr Angebot sinnvoll ergänzen, sodass der Kunde dann alles aus einer Hand beziehen kann?

- Können Sie von komplementären Anbietern lernen und Ihre Produktpalette entsprechend erweitern?

- Haben Sie die Möglichkeit, zusätzlichen Service einzurichten?

- Oder könnten Sie sich gar von einem Produkt- zu einem Systemanbieter entwickeln?

Beispiele:

1. Mein ortsansässiger Fahrradhändler war schon vor 20 Jahren einer der ersten, der einen Teil seines Ladens nutzte, um zusätzlich zu den Rädern auch Sturzhelme, Handschuhe, Trinkflaschen, Gepäcktaschen und Ähnliches anzubieten – mit großem Erfolg.

2. Das Four Points Sheraton Hotel am Flughafen von Los Angeles hat Innovationen entwickelt, die für die Gäste neu sind und einen großen Kundennutzen bieten: Zum einen ist das Zimmer für 24 Stunden gemietet, egal um welche Uhrzeit der Gast eincheckt. Wer erst um Mitternacht anreist, braucht also nicht schon um 9.00 Uhr wieder aufzustehen, um die Koffer zu packen. Zum anderen gibt es einen „Gourmet takeout before takeoff": Beim Roomservice können kurz vor dem Abflug leckere Snacks wie Grilled Chicken, Breast Sandwich, Fresh Fruit Medley oder Shrimp Louis Salad bestellt werden – so praktisch verpackt, dass man es später im Flugzeug leicht verzehren und auf das meistens trostlose Angebot der Airline guten Gewissens verzichten kann.

(nach: Förster/Kreuz (2007), S. 126)

3. Lantal, Weltmarktführer in der Kabinenausstattung von Verkehrsflugzeugen, offeriert den Fluggesellschaften ein umfassendes Systemangebot: Design des gesamten Interieurs sowie Produktion von Sitzbezügen, Vorhängen, Wandverkleidungen, Kopfschonern und Teppichen. Aufgrund der hohen Sicherheitsanforderungen, die an die Materialien

gestellt werden, hat Lantal bei der europäischen und bei der amerikanischen Sicherheitsbehörde die Autorisierung beantragt (und erhalten), offizielle Testzertifikate für Stoffe und Teppiche auszustellen. So hat es der Kunde bei schwierigen Zertifizierungs- und Haftungsfragen nur mit einem Lieferanten zu tun statt mit mehreren.

(nach: Simon (2009), S. 143/146)

Es ist mittlerweile vielfach nachgewiesen, dass Kunden, die mehrere Produkte oder ganze Systeme von einem Anbieter beziehen, seltener wechseln als Einzelprodukt-Kunden. Auch die Präsentation oder der Austausch von speziellem Fachwissen kann heutzutage eine Möglichkeit sein, Kunden an sich zu binden, wie die Idee der Firma John Deere zeigt:

Der amerikanische Land- und Baumaschinenhersteller installierte ergänzend zu den eigentlichen Produkten im Internet eine Wissensplattform für seine Kunden. Wer nun eine Land- oder Baumaschine bei John Deere erwirbt, wird damit automatisch Mitglied in einer Wissens-Community, die ihm intensiven fachlichen Austausch ermöglicht; er hat Zugang zu wichtigen Informationen über ein interaktives System sowie Verbindung zu anderen Landwirten mit ähnlichen Fragen und Themen. Für das System steht der einzelne Kunde mit seiner Produktivität und seinen einzigartigen Erfahrungen im Mittelpunkt. Sicherlich gibt es noch zahlreiche andere Anbieter von Landwirtschaftsgeräten, aber dieser (emotionale!) Zusatznutzen, dass sich jeder Kunde als wichtiger Teil einer Werte- und Interessengemeinschaft erlebt, verschafft John Deere einen einzigartigen Marktvorteil.

(Auch die Besucher seiner Internet-Plattform lädt John Deere herzlich-professionell in sein Forum ein; es steht unter dem Motto: „Menschen, Landmaschinen und was sie bewegt" – das weckt die Neugier und fördert die emotionale Anbindung. Ebenso wird unter der Rubrik „Unterhaltung" das „Kind im Manne" angesprochen: Hier kann man(n) sich Landmaschinen als Desktop-Bild oder Bildschirmschoner herunterladen – wer hat nicht als kleiner Junge für große Traktoren oder Vollernter geschwärmt!?)

Kurz gefasst:

Schaffen Sie für Ihre Kunden einen zusätzlichen Nutzen, der Ihr Angebot von dem der Konkurrenz deutlich sichtbar abhebt. Bieten Sie komplementäre Produkte oder Service-Dienstleistungen an und sorgen Sie dafür, dass Sie damit und dafür bekannt werden.

Schaffen Sie Klarheit
in den Verkaufszielen

Als Unternehmer ist für Sie eine professionelle Planung unabdingbar: Abgesehen vom Informationsbedürfnis von Behörden oder Institutionen wie Finanzamt oder Steuerberater wollen Sie ja auch selbst einen Überblick darüber haben, wo Sie mit Ihrem Unternehmen stehen und wo Sie noch hinwollen.

Bezüglich der Umsätze ist natürlich der Vertrieb ein maßgebender Faktor – von ihm hängt gerade in schwierigen Zeiten oft das Überleben der ganzen Firma ab. Von daher ist es sinnvoll und hilfreich, wenn Sie Ihre Mitarbeiter aus dem Vertrieb in die Planung mit einbeziehen. Jeder einzelne Verkäufer, Vertreter oder Berater sollte seine persönliche Jahresplanung erstellen und sie – nach Vorlage – mit Ihren Vorstellungen abgleichen bzw. zusammenführen. Damit signalisieren Sie Ihren Mitarbeitern auch, dass Sie sie ernst nehmen und nicht einfach über ihren Kopf hinweg entscheiden und irgendwelche – möglicherweise utopischen und unerreichbaren – Jahresziele festsetzen.

Machen Sie eine solche Planung möglichst am Ende eines Jahres für das jeweilige Folgejahr. Das erhöht auch für Ihre Mitarbeiter und die ganze Verkaufsmannschaft die Motivation, die Ärmel hochzukrempeln und die Arbeit anzupacken. Wenn Sie das nicht tun und dann beispielsweise erst im März feststellen, dass die Umsätze nicht so gut laufen wie im Vorjahr, vergehen ein bis zwei weitere Monate, bis Sie die Schwachstellen oder Engpässe gefunden haben – und dann ist die erste Jahreshälfte schon so gut wie vorbei. In einem solchen Fall wird es schwierig sein, die bis dahin eingefahrenen Defizite im zweiten Halbjahr wieder auszubügeln.

Gleichzeitig haben Sie mit einer frühzeitigen professionellen Jahresplanung auch einen Überblick darüber, was realistischerweise zu schaffen ist; das kann im einen oder anderen Kontext möglicherweise für Ihren Steuerberater oder für ein Gespräch mit Ihrer Hausbank eine wertvolle Unterstützung sein. Betriebsintern erhalten Sie zudem wertvolle Informationen darüber, innerhalb welcher Grenzen Sie sich bewegen können: Wie hoch liegen Ihre Umsätze im besten Fall, was wäre der ‚worst case‘ und – nicht zuletzt – wo liegen noch Ressourcen, die bislang ungenutzt blieben und zeitnah aktiviert werden könnten?

Je besser und spezifischer eine solche Zielplanung zusammen mit Ihren Mitarbeitern durchgeführt wird, um so leichter lassen sich Ihre Verkäufer anschließend führen: Mit einem detaillierten Jahresplan kann jeder einzelne Mitarbeiter selbst rasch erkennen, wo er im Moment steht und an welchem Punkt er rechtzeitig eingreifen kann, um eventuelle Rückstände wieder auszugleichen.

Tipp 4: Nutzen Sie die Zielplanungsstrategien der Profis

Um was es geht:

Je genauer die Umsatz- und Verkaufsziele erstellt und festgelegt sind, umso einfacher und schneller kann reagiert werden, sobald davon in erheblichem Maß abgewichen wird. Wichtig ist dabei, vor allem die Teilziele klar und messbar zu beschreiben.

Je konkreter die Zahlen auf dem Tisch liegen, umso überschaubarer wird der ganze Prozess. Wenn ein Mitarbeiter formuliert: „Ich möchte fünf neue Großkunden bis zum Ende des nächsten Quartals", ist das noch zu ungenau: Was versteht er unter einem Großkunden? Welchen Umsatz verbindet er mit dieser Bezeichnung? Und wann genau ist für ihn das Ende des nächsten Quartals? Will er bis dahin Kontakte geschlossen und Angebote präsentiert haben oder sollen bereits fertig unterzeichnete Aufträge vorliegen?

Planen Sie so konkret wie möglich und – vielleicht klingt das für Sie absurd – zäumen Sie das Pferd einmal von hinten auf: Rechnen Sie auf die Stunde genau aus, was im Einzelnen tatsächlich realisierbar ist:

Ein Beispiel:

Angenommen, einer Ihrer Mitarbeiter will im kommenden Geschäftsjahr seinen Umsatz von 1 auf 1,2 Millionen Euro erhöhen. Sie überlegen mit ihm zusammen, was genau dazu nötig ist. Der Einfachheit halber legen wir der weiteren Berechnung zugrunde, dass er den bisherigen Umsatz von 1 Million mit 50 Kunden generieren konnte. Dann bräuchte er für 1,2 Millionen Umsatz 60 Kunden. Um 60 Kunden mit Vertragsabschluss zu bekommen, müsste der Verkäufer nach den bisherigen Daten und einer Abschlussquote von 33 Prozent etwa 180 „heiße Chancen" generieren.

Die nächste Frage ist: Wie viele Kundenkontakte sind im Vorfeld jeweils notwendig, um eine „heiße Chance" zu erarbeiten? Ihr Mitarbeiter hat bisher die Erfahrung gemacht, dass im Schnitt einer von drei Kunden eine Auftragswahrscheinlichkeit von über 70 Prozent einbringt. Das heißt umgerechnet: Hinter 180 „heißen Chancen" steht ein Pool von 540 Kunden. Wie viel Zeitaufwand bedeutet nun ein solcher Kunde für den Berater? Lassen Sie ihn genau abschätzen, wie viele Telefonate, wie viele Besuche jeweils anstehen, bevor der Kunde ein ausführliches und auf seine Bedürfnisse zugeschnittenes Angebot erhält und wie viel Zeit für das weitere Vorgehen benötigt wird, bis der Auftrag endgültig abgeschlossen ist.

Lassen Sie uns annehmen, der Zeitaufwand pro Kunde beträgt für den direkten Kontakt insgesamt etwa zwei Stunden (20 bis 30 Minuten für Telefonate, 80 bis 100 Minuten für persönliche Gespräche). Dann benötigt Ihr Mitarbeiter für 540 potenzielle Kunden etwa 1080 Stunden Zeit. Umgerechnet auf 200 Arbeitstage (40 Wochen à 5 Tage) resultieren daraus 5,4 Stunden Arbeitszeit täglich – allein für diese Tätigkeit. Hinzu kommen meist noch organisatorischen Indoor-Tätigkeiten und firmeninterne Besprechungen.

Mit dieser errechneten Zahl von 5,4 Stunden täglicher Arbeitszeit lässt sich dann weiter planen:

● Entweder sie passt, das heißt, dieser Zeitaufwand pro Kunde ist vertretbar und lässt sich gut realisieren.

● Oder aber – und auch das kommt vor – Ihr Mitarbeiter erkennt, dass bei seiner Planung sogar noch Zeitfenster übrig bleiben und dass das, was er vorhat, sich durchaus innerhalb eines sehr angenehmen Zeitrahmens umsetzen lässt – dann hat er sogar Spielraum für noch größere Pläne!

● Oder die errechnete Arbeitszeit ist zu hoch; dann gilt es zu prüfen, an welchen Stellen man sonst noch etwas ändern kann, um die Arbeitszeit auf eine realistische Größe zu bringen. Beispielsweise könnte man eruieren, welche Tätigkeiten der Verkäufer delegieren könnte, um im Gegenzug seine effektive Verkaufszeit zu steigern (siehe auch die Anregungen im folgenden Kapitel ab Tipp 7).

Im letzten Fall wäre es eine weitere Option, darauf abzuzielen, mit den einzelnen Kunden – bei gleicher Beratungszeit – höhere Abschlüsse zu erzielen. Ein anderes Vorgehen besteht darin, die Beratungszeit pro Kunde zu optimieren. Im besten Fall gelingt es Ihrem Verkäufer, aus einer höheren Zahl von Kundengesprächen heiße Chancen zu machen und davon mehr als zuvor zum Abschluss zu bringen.

Mithilfe eines solchen professionellen Coachings verschaffen sich Ihre Verkäufer selbst die Sicherheit, die sie anschließend in der täglichen Arbeit brauchen, um die notwendige Kontinuität in ihren Umsatzzielen zu wahren.

Anregung:

Prüfen Sie, ob sich die Vorlagen auf den nächsten Seiten möglicherweise – in dieser oder einer abgeänderten Form – für die Zielplanung Ihrer Berater oder Verkäufer eignen. Lassen Sie diese Listen ausfüllen und besprechen Sie das Ergebnis gemeinsam.

Wenn Sie eine solche Planung auf die einzelne Arbeitswoche herunter brechen, werden Sie und Ihre Mitarbeiter in Zukunft schnell und zeitnah erkennen, was Sache ist: Geht es um real erreichbare Ziele? Um freie Ressourcen? Oder eher um reines Wunschdenken? Allein schon diese Klarheit ist für viele Verkäufer befreiend.

Wenn nun rechtzeitig absehbar ist, dass das Wochensoll nicht erfüllt wird oder gar nicht erfüllt werden kann, dann bleibt noch genügend Zeit, geeignete Gegenmaßnahmen zu ergreifen, um den Umsatz auf der gewünschten Höhe zu halten. Der gegenteilige Effekt ist allerdings oft sogar noch höher: Durch die Einteilung in überschaubare Tagespensen steigt die Motivation der Verkäufer; viele sind sogar bestrebt, ihr jeweiliges Wochenziel noch zu übertreffen. Und je höher diese Motivation ist, umso weniger brauchen Sie als Unternehmer ständig zu kontrollieren. Denn viele Kontrollmechanismen sind oft zu unspezifisch, um schnell und effektiv gegenzusteuern, wenn die Ergebnisse nicht so sind wie erwartet.

Dieses gemeinsame Vorgehen hat oftmals noch einen Effekt auf einer ganz anderen Ebene: Als Unternehmer erkennen Sie Details im Tages- und Arbeitsablauf Ihrer Vertriebsmitarbeiter, die Ihnen zuvor noch nicht so transparent waren. Hieraus resultiert ein tiefer Einblick in deren Situation und damit eine verständnisvollere Zusammenarbeit – letztendlich sitzen Sie alle im gleichen Boot!

Kurz gefasst:

Eine fundierte Zielplanungsstrategie zur rechten Zeit verschafft Ihnen und Ihren Mitarbeitern Klarheit darüber, was möglich ist: Selbstvertrauen und persönliche Motivation steigen, gleichzeitig werden schon kleine Abweichungen zeitnah erkannt und lassen sich so schneller und besser beheben.

Zielplanung 20XX für ....

	Anzahl	Euro TSD	nach Quartalen in TSD Euro			
			Quartal I	Quartal II	Quartal III	Quartal IV
Summe	0	0	0	0	0	0

Schaffen Sie Klarheit in den Verkaufszielen

Zielklärung

Anzahl der Abschlüsse	Anzahl Angebote gesamt	notw. Beratungsgespr. in Stunden für Abschluss	Kundengewinnung in Std. Kalt	Kundengewinnung in Std. Bestand	Anzahl Telefonate gesamt
0	0	0	0	0	0

Planung 20XX – (Verkäufer)

	Plan 20XX		nach Quartalen in TSD Euro			
	Anzahl	Euro TSD	Quartal I	Quartal II	Quartal III	Quartal IV
Provisions-Umsatz je Produktgruppe						
Summe			0	0	0	0

Schaffen Sie Klarheit in den Verkaufszielen

Quartal I					Quartal II					Quartal III					Quartal IV				
Jan.	Feb	Mrz	IST EUR TSD	Soll EUR TSD	Apr	Mai	Jun	IST EUR TSD	Soll EUR TSD	Jul	Aug	Sep	IST EUR TSD	Soll EUR TSD	Okt	Nov	Dez	IST EUR TSD	Soll EUR TSD
0	0	0			0	0	0			0	0	0			0	0	0		

Tipp 5: Identifizieren Sie Engpässe und Erfolgsfaktoren

Um was es geht:

In wirtschaftlich schweren Zeiten wird überprüft, welches in einem Unternehmen die Engpassfaktoren sind – und oft gehört der Vertrieb dazu. Entsprechend richten sich die Gegenmaßnahmen darauf aus, Außendienst und Vertrieb mehr als bisher zu unterstützen. Gleichzeitig ist es sinnvoll, auch die Erfolgsfaktoren genau zu eruieren und an genau diesen Stellen den Einsatz zu intensivieren.

Wenn nun in einer Krise mit dem bisherigen (100 Prozent-)Einsatz der Vertriebsabteilung nur noch 75 Prozent der bisher gewohnten Umsätze erwirtschaftet werden können, muss überlegt werden, welche Maßnahmen sinnvoll sind. Spontan tun sich folgende Möglichkeiten auf:

1. Sie erhöhen den (finanziellen) Einsatz für die Vertriebsabteilung.

2. Sie überprüfen einzelne Vertriebsmaßnahmen auf ihr Einsparpotenzial und überlegen, wo Sie Kosten reduzieren können, ohne allzu viel an Nutzen einzubüßen.

3. Sie überlegen, ob auch zeitliche Einsparmaßnahmen – zum Beispiel bei Aktivitäten mit zu geringer Effizienz – möglich sind und diese Zeit dann für neue Maßnahmen genutzt werden kann.

4. Möglicherweise können auch weniger ausgelastete Innendienstmitarbeiter kurzfristig im Außendienst eingesetzt werden oder diesen zumindest bei Teilaufgaben entlasten.

Sparen ist in Krisenzeiten natürlich immer sinnvoll – aber am richtigen Platz! Und der Vertrieb ist sicher nicht die richtige Abteilung für von außen verordnete Sparmaßnahmen, eher für eine sinnvolle Überprüfung der gewohnten Abläufe.

Vermutlich tragen wir mit dem folgenden Vorschlag die berühmten Eulen nach Athen – aber vielleicht sind Sie auch dankbar, einmal mehr an dieses wertvolle Instrument erinnert zu werden: Führen Sie Statistiken. Genauer gesagt: Lassen Sie Ihre Mitarbeiter in Verkauf und Vertrieb Statistiken führen. Das mag zwar zunächst für viele äußerst lästig sein, ist aber über einen bestimmten Zeitraum hin eine sehr nützliche Hilfe, um klarer planen zu können.

Ein Beispiel:

Frank Bettger beschreibt in seinem Buch „Lebe begeistert und gewinne", wie er am Anfang seiner Verkäuferkarriere seine Erfolge für sich greifbar machte: „... ganz im Stillen hatte ich während dieses Jahres über meine Besuche genau Buch geführt. Ich hatte 1.849 Kunden besucht. Mit 828 war ich ins Gespräch gekommen, ich hatte 65 Verkäufe abgeschlossen und meine Provision war auf 4.252 Dollar gestiegen. (...) Jeder Besuch hatte mir 2,30 Dollar eingebracht." (S. 25)

Für Frank Bettger war also jeder Besuch – egal, ob er zu einem Abschluss führte oder nicht – für sich allein gesehen schon (Geld) wert. Durch eine sinnvolle Auswertung seiner Statistiken gelang es ihm im Laufe der folgenden Jahre, das Einkommen pro Besuch auf 19 Dollar zu steigern und vor allem das Verhältnis zwischen Kundenbesuch und Kaufabschluss kontinuierlich zu verbessern:

„Meine Statistik zeigte mir, dass 70 Prozent meiner Verkäufe schon beim ersten Gespräch mit dem Kunden zustande kamen, 23 Prozent beim zweiten Besuch und 7 Prozent vom dritten Besuch an. Aber – und das ist es eben: 50 Prozent meiner Zeit verbrauchte ich für diese 7 Prozent!" (S. 26) Er beschloss, seine Zeit nur noch für Erst- und Zweitbesuche zu verwenden, und allein diese Maßnahme ließ den Ertrag pro Besuch auf knapp das Doppelte steigen ...

Anregung:

Lassen Sie Ihre Mitarbeiter in Vertrieb und Verkauf für eine gewisse Zeit (wir empfehlen zwei bis drei Monate) genaue Statistiken führen:

● Welche Arbeitsabläufe finden jeden Tag statt (Telefonat, Mailingaktion, Kundenbesuch, Angebotserstellung) und wie viel Zeit wird jeweils dafür verwendet?

● Wie viele Kunden werden täglich zum ersten Mal kontaktiert?

● Wie genau geschieht das, per Telefon, per Brief/Fax/E-Mail, persönlich?

● Wie viele Zweit- oder Drittkontakte finden statt? Und mit welchen Ergebnissen?

● Wann und wie kommt es zum ersten persönlichen Gesprächstermin?

● Innerhalb welcher Zeit kommt es zur Angebotserstellung?

- Wie viele weitere Kontakte finden statt, bevor der Kunde den Abschluss tätigt?

Werten Sie diese Erfassung anschließend gemeinsam aus und ziehen Sie die notwendigen Konsequenzen.

Kurz gefasst:

Identifizieren Sie die Engpässe und Erfolgsfaktoren in Ihrem Unternehmen durch den cleveren Einsatz von Statistiken. Und achten Sie anschließend auf konsequente Auswertung der so erhaltenen Ergebnisse.

Tipp 6: Sprechen Sie mit Ihren Mitarbeitern über heiße Chancen statt über Umsätze

Um was es geht:

Eine heiße Chance, also die Abschlusswahrscheinlichkeit eines Angebots oder Projekts von über 70 Prozent, ist für sich gesehen schon ein verkäuferischer Erfolg, in dem ein hohes Motivationspotenzial steckt.

Sie werden (völlig zu Recht!) entgegnen: „Was nützen mir zehn heiße Chancen, wenn anschließend keiner von denen tatsächlich etwas kauft!?" Diese Medaille hat allerdings noch eine andere Seite: nämlich die der Motivation bzw. die Gefahr der Desillusionierung. Wenn ein Kunde bereits zu 70 Prozent entschlossen ist, einen Verkaufsabschluss zu tätigen, hat Ihr Mitarbeiter schon gute und solide Vorarbeit geleistet. Auch wenn er weiterhin zielstrebig auf die Vertragsunterzeichnung hinarbeitet, kann es vorkommen, dass die fehlenden 30 Prozent der Kundenentscheidung (zumindest nach meiner langjährigen Erfahrung) oft noch anderen Faktoren unterliegen:

- es gibt auf Seiten des Kunden firmeninterne Budgetkürzungen, denen auch Ihr Angebot zum Opfer fällt;

- der Kunde erfährt kurzfristig, dass sein Arbeitsplatz in Gefahr ist, und will nicht durch möglicherweise zu große Ausgaben die Gefahr einer Kündigung erhöhen;

- ein anderer Anbieter kommt im letzten Moment dazwischen und unterbreitet ein Angebot zu einem Dumpingpreis.

In dem Moment, wo der Prozentsatz der tatsächlichen Verkaufsabschlüsse sinkt, muss also die Zahl der heißen Chancen proportional steigen, damit am Ende dieselbe Anzahl von erfolgreichen Abschlüssen steht wie zuvor – wenn unten weniger herauskommt, muss oben mehr hineingefüllt werden.

Das ist ähnlich wie bei einer dieser Orangensaft-Maschinen, die in den Bahnhöfen stehen: Oben purzeln die Orangen hinein, werden halbiert und gepresst, und unten kommt auf der einen Seite der Saft heraus, auf der anderen werden die leeren Schalen entsorgt. Wenn nun unter den Orangen immer mehr sind, die keinen oder nur wenig Saft abgeben, muss ich die Einfüllmenge in der Maschine erhöhen, um in der gleichen Zeit dieselbe Menge Saft wie vorher zu bekommen (und habe dadurch automatisch auch mehr Abfall). Gleichzeitig erhöht sich durch den Druck der größeren Menge auch die Effektivität des Pressvorgangs. Und möglicherweise entsteht durch die größere Gesamtmenge am Ende eben doch auch ein größerer Gesamtertrag.

Wenn Sie nun mit Ihrem Mitarbeiter über seine monatliche Arbeits- und Erfolgsstatistik sprechen, beweisen Sie Ihr psychologisches Geschick und fragen Sie ihn nach der Anzahl der heißen Chancen. Das hat den eindeutigen Vorteil, dass Sie ihn motivieren, statt ihn zu entmutigen: Würden Sie nach den (tatsächlich erfolgten) Abschlüssen fragen, entstünde unweigerlich die Situation, dass daneben auch die Misserfolge zur Sprache kämen. Natürlich lässt sich im einen oder anderen Fall auch aus einer nachträglichen Betrachtung eines Nicht-Abschlusses etwas lernen – aber in wirtschaftlich schweren Zeiten kann eine Aufzählung von Fast-Erfolgen schnell sehr demotivierend wirken. Ihr Mitarbeiter sieht sich möglicherweise in eine Verteidigungsposition gedrängt („Kunde A hat nicht gekauft, weil …", „Kunde B hat nicht gekauft, weil …" usw.), und der Fokus des Gesprächs geht weg von dem, was in einer solchen Lage am wichtigsten ist: von den Ressourcen Ihres Mitarbeiters.

Wenn Sie dagegen mit ihm die heißen Chancen durchgehen, fühlt er sich in seinen Potenzialen gesehen und gewürdigt, und Sie können gemeinsam überlegen, was es im einen oder anderen Fall vielleicht noch zusätzlich braucht, um den Kunden zum tatsächlichen Kaufabschluss zu bewegen. Legen Sie den Fokus auf das, was *jetzt* geht und möglich ist, statt zuviel Energie auf Vergangenes und Unabänderliches zu verwenden. Sie werden damit auch – ganz nebenbei – das vertrauensvolle Arbeitsklima in Ihrem Unternehmen stärken!

Kurz gefasst:

Nutzen Sie bewusst die Ressourcen und Potenziale Ihrer Mitarbeiter und pflegen Sie deren Motivation, indem Sie die erarbeiteten heißen Chancen würdigen und bei Bedarf gemeinsam ausbauen: je mehr heiße Chancen entstehen, umso größer ist die Chance auf einen tatsächlichen Kaufabschluss!

Steigern Sie die echte Verkaufszeit in Ihrem Unternehmen

Unter echter Verkaufszeit verstehen wir an dieser Stelle all die Zeit, die direkt mit einem Kundentermin zu tun hat (außer der Akquise selbst), also zum Beispiel:

- ein Telefonat,

- ein direktes Gespräch von Angesicht zu Angesicht,

- Zeit, die der Klärung von Hintergrundfragen des Kunden gewidmet wird, und anderes mehr.

Kurz: all die Zeit, die vom Verkäufer oder Berater dafür eingesetzt wird, einen Abschluss herbeizuführen oder zumindest wahrscheinlicher zu machen.

In einem Beispiel aus der Metallindustrie (veröffentlicht bei Simon (2009), S. 92f., siehe auch Schaubild nächste Seite) werden Anfragen, Kundenbesuche und andere direkte Kundenkontakte als „echte Verkaufszeit" definiert – die Summe aus diesen Tätigkeiten beträgt erstaunlicherweise gerade mal 48 Prozent (!). In dieser Zeit sind auch die Reise- und Wegezeiten bereits erfasst, was bedeutet, dass die Vertriebsmitarbeiter über die Hälfte ihrer Arbeitszeit mit Tätigkeiten verbringen, die mit ihren eigentlichen Aufgaben (Kaufabschlüsse erzielen) wenig zu tun haben. (In einigen Branchen, zum Beispiel in der Finanzdienstleistung, ist die echte Verkaufszeit nach meinen eigenen Erkenntnissen und Erfahrungen aus der Praxis sogar noch geringer!) Auf Dauer gehen hier kostbare Ressourcen verloren, die gerade in wirtschaftlich schwierigen Zeiten besser zum Wohl Ihres Unternehmens eingesetzt werden können.

Als erfolgreicher Unternehmer ist Ihnen mit Sicherheit bewusst, was der amerikanische Spitzenverkäufer Zig Ziglar folgendermaßen formuliert: „Verkaufen ist die einzige Tätigkeit, die Gewinn schafft. Alle übrigen Tätigkeiten tragen lediglich zu den Kosten bei."

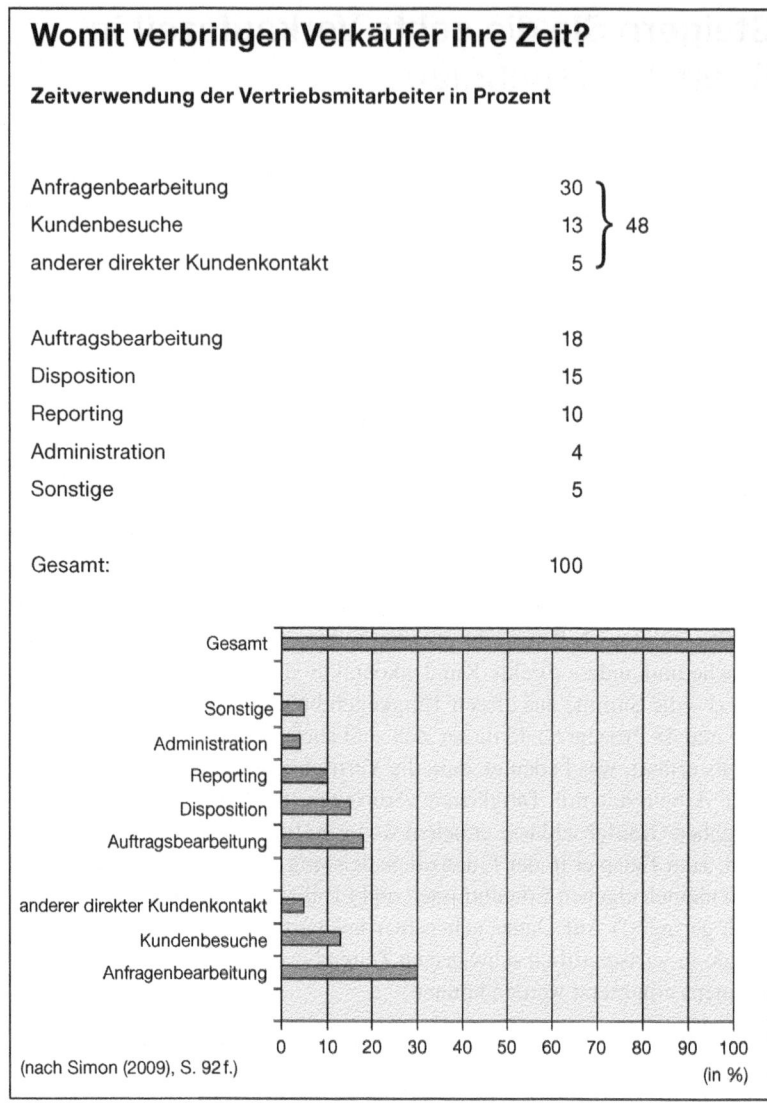

Womit verbringen Verkäufer ihre Zeit?

Zeitverwendung der Vertriebsmitarbeiter in Prozent

Anfragenbearbeitung	30 ⎤
Kundenbesuche	13 ⎬ 48
anderer direkter Kundenkontakt	5 ⎦
Auftragsbearbeitung	18
Disposition	15
Reporting	10
Administration	4
Sonstige	5
Gesamt:	100

(nach Simon (2009), S. 92 f.)

(in %)

Abbildung: Zeitverwendung der Vertriebsmitarbeiter

Tipp 7: Wie viel Zeit verbringen Ihre Verkäufer wirklich mit Kunden?

> Um was es geht:
>
> Die Gesprächszeit, die Ihre Mitarbeiter in Verkauf, Vertrieb oder Beratung definitiv beim und mit dem Kunden verbringen, entscheidet letztendlich über Ihren betrieblichen Erfolg oder Misserfolg.

Verzichten Sie deshalb soweit möglich auf Kontrollmechanismen wie ausführliche Berichte oder Reportings, die Ihren Mitarbeitern (und im Nachhinein auch genauso Ihnen) wertvolle Zeit wegnehmen, die sie besser in andere Aktivitäten, nämlich in die persönliche Beratung des Kunden, investieren.

Ermutigen Sie dagegen Ihre Mitarbeiter, eine Zeitlang ganz konsequent Buch zu führen: Wie viel Zeit verbringen sie tatsächlich im direkten Gespräch mit dem Kunden? Wenn man solche Aufstellungen genau betrachtet, ergeben sich daraus oft ganz neue wertvolle Aspekte: Aus den 20 Minuten, die tatsächlich im persönlichen Kundenkontakt unter vier Augen stattfanden, wurde unterm Strich bezüglich des Kundenbesuchs im Ganzen bei genauem Hinschauen doch einiges mehr; da waren außerdem noch

- die zehn Minuten Karenzzeit, die ein achtsamer Verkäufer vorsichtshalber immer etwas zu früh an Ort und Stelle ist,

- das Glas Wasser während der fünfminütigen Wartezeit auf den Gesprächspartner,

- der nach dem Gespräch notwendige Gang zur Toilette,

- der Plausch mit der netten Sekretärin im Vorzimmer und

- das Warten auf die Unterlagen, die der Kunde dem Verkäufer mitgeben möchte und die erst noch für ihn kopiert werden sollen, sowie manches mehr.

Und schnell dauert der ganze Besuch eine knappe Stunde. An diesen Abläufen ist meist keine größere Änderung möglich. Deshalb ist hier eine gute Disziplin Ihrer Mitarbeiter hilfreich, damit nicht auch noch im weiteren Umfeld des Kundenbesuchs Zeit verloren geht.

Als Zeiträuber erweist sich bisweilen auch das lockere Gespräch nach einem erfolgten Kaufabschluss: Käufer und vor allem Verkäufer sind entspannt, die Arbeit ist getan und der Kunde hat unterschrieben. Warum also nicht jetzt noch ein wenig zusammen plaudern und es sich gut gehen lassen? Nun – dagegen ist grundsätzlich nichts einzuwenden. Außer dass auch ein solches Gespräch Zeit kostet, die in absehbarer Zukunft keinen weiteren Gewinn einbringen wird. Daher ist es ratsam, auch an dieser Stelle eher zurückhaltend zu sein und genau nachzuspüren, ob eine weitere Unterhaltung tatsächlich der Geschäftsbeziehung dient oder möglicherweise beide Seiten nur unnötig aufhält.

In diesem Zusammenhang ist für viele Unternehmer eine genaue Vorausplanung das Mittel aufhält:

> Anregung:
>
> Lassen Sie sich ab und zu von Ihren Mitarbeitern aus Vertrieb und Verkauf deren Wochenpläne vorlegen – und zwar im Voraus für die jeweils kommende Woche. Nicht in erster Linie um sie zu kritisieren oder aus Ihrer Sicht von außen zu optimieren, sondern eher um eine gewisse Grundmotivation zu pflegen dahingehend, dass eine gute Vorausplanung unumgänglich ist, um dauerhaften Erfolg aufzubauen.

So betont auch der Direktor eines Unternehmens, das weltweit für seine ausgezeichnete Verkaufsschulung bekannt ist, die Bedeutung eines Wochenplans: „Das wichtigste Formular ist der Wochenplan. Jeder Verkäufer muss dieses Formular ausfüllen. Alle Kunden, die er in der Folgewoche besuchen will, müssen namentlich aufgeführt werden, und wir erhalten eine Kopie, bevor die Woche angefangen hat." (Bettger (2003), S. 36)

Mit diesem Vorgehen schlagen Sie gleich zwei Fliegen mit einer Klappe: Allein dadurch, dass Sie diese Pläne vorliegen haben und die Ergebnisse nach Ablauf der Woche jederzeit überprüfen **könnten**, werden Ihre Mitarbeiter darauf bedacht sein, ihren Plan möglichst einzuhalten – und Sie brauchen umso weniger minutiös zu kontrollieren. Gleichzeitig halten Sie Ihre Spitzenkräfte dazu an, selbst mit ihrem Zeitkontingent äußerst achtsam umzugehen. Wer im Voraus gründlich plant, spart meist deutlich an Zeit gegenüber jemand, der eher in den Tag hinein lebt und das gleiche Arbeitspensum dann irgendwie erledigt (oder eben deutlich weniger bewältigen kann …).

Kurz gefasst:

Motivieren Sie Ihre Mitarbeiter dazu,

a) ihre Besuche bei Kunden effektiv zu planen und

b) die eigentliche Gesprächszeit gut zu nutzen.

Tipp 8: Sorgen Sie für effektive Reise- und Besuchsplanungen

Um was es geht:
Der Komplex Kundenbesuche ist immer auch verbunden mit der Herausforderung, diese so effektiv zu planen, dass Zeitverluste von vornherein minimiert werden. Hier sind drei Aspekte zu berücksichtigen:

1. eine gute Vorqualifizierung und Differenzierung zwischen A-, B- und C-Kunden,

2. eine effiziente Zeit- und Terminplanung,

3. eine gute Planung der Reisewege und Reisezeiten.

Heutzutage gibt es eine ganze Reihe Computerprogramme, die einem Außendienstmitarbeiter die Planung erleichtern. Dagegen ist grundsätzlich nichts einzuwenden, und sicher führen sie zu so mancher sicht- und spürbaren Zeitersparnis. Gleichzeitig ist es immer auch sinnvoll, sich die Gegebenheiten vor Ort im eigenen Betrieb genau anzusehen; hier tun sich oft ganz individuelle Einsparmöglichkeiten auf, die für die Allgemeinheit gar nicht erfasst werden können.

1. Vorqualifizierung der geplanten Kundenbesuche

Ein wichtiger Aspekt in diesem Kontext ist zu prüfen, welche Kundenkontakte überhaupt Gewinn versprechend sind und wie häufig diese Kunden vom Berater kontaktiert werden sollen. Lassen Sie Ihre Mitarbeiter zusammenstellen (falls sie das nicht sowieso schon regelmäßig tun), welche Kunden wie oft besucht werden: Häufig neigen Außendienstmitarbeiter dazu, ganz automatisch ihre Kunden undifferenziert zu behandeln und nach dem Gießkannenprinzip alle gleichermaßen regelmäßig zu kontaktieren.

Oder die Auswahl der zu besuchenden Kunden richtet sich – meist eher unbewusst – nach subjektiven Kriterien: Welcher Kunde ist sympathisch? Bei welcher Firma sind angenehme (Kuschel-)Gespräche zu erwarten? Wo schmeckt der Kaffee am besten?

Bei genauerem Hinsehen entpuppt sich ein solches Vorgehen meist als ineffizient, weil ein A-Kunde immer einen anderen Wert für das Unternehmen aufweist als ein C-Kunde:

Ein Beispiel:

Nach meiner langjährigen Erfahrung in der Begleitung und Beratung von Unternehmern und Vertriebsteams generieren im Durchschnitt 20 Prozent der Kunden (die A-Kunden) ganze 54 Prozent des Umsatzes; die letzten 50 Prozent der Kunden (C-Kunden) tragen lediglich noch 8 Prozent zum Umsatz bei:

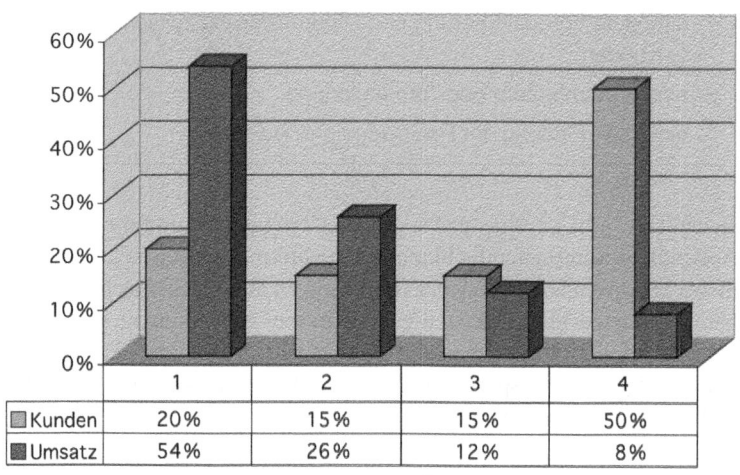

	1	2	3	4
▣ Kunden	20%	15%	15%	50%
▦ Umsatz	54%	26%	12%	8%

Abbildung: Verhältnis Kunden zum Umsatz

Das bedeutet im Klartext: Wenn der Außendienst die Zeit, die er bislang dieser Hälfte des Kundenstamms widmete, in Zukunft konsequent darauf verwendet, neue Kunden zu akquirieren, wird er seine Effektivität deutlich erhöhen.

Auch der Badarmaturen-Hersteller Grohe hat festgestellt, dass Kundenzufriedenheit und Umsätze bis zum dritten Beratungstermin steigen, anschließend aber wieder fallen. Das heißt auch hier: Weniger ist oft mehr – es kommt auf die richtige Einschätzung an, ob ein weiterer Kundenbesuch definitiv noch etwas bringt oder ob die Zeit bei einem Neukunden sinnvoller investiert wäre.

In der Konsequenz unterscheiden sich an dieser Stelle Top-Verkäufer im Ergebnis deutlich von ihren weniger erfolgreichen Kollegen: Indem Top-Verkäufer ihre Kunden besser vorselektieren, generieren sie anschließend im Schnitt aus 8 Interessenten einen Auftrag; ein durchschnittlicher Verkäufer erwirkt einen Auftrag pro 14 Interessenten.

2. Effiziente Zeit- und Terminplanung

In diesem Kontext ist unbedingt die konkrete Effizienz der Kundentermine zu verifizieren: Wie viele Kundenbesuche braucht ein Mitarbeiter im Einzelnen, um einen Kaufabschluss zu generieren? Wenn er dazu drei, vier oder gar fünf Termine braucht und gleichzeitig für diese Dritt-, Viert- und Fünftbesuche 50 Prozent seiner Zeit aufwenden muss, damit aber anschließend lediglich sieben Prozent seiner Abschlüsse generiert, stimmt tatsächlich etwas an der Relation zwischen Aufwand und Ertrag nicht mehr.

3. Reisewege und Reisezeiten

Oft haben Vertriebsleiter eine Jahresfahrleistung von 40.000 km oder noch mehr. Das ergibt bei 60km/h Durchschnittstempo über 600 Stunden Arbeitszeit (bei einer 40-Stunden-Woche wären das 15 Wochen!), die allein mit Autofahren verbracht werden. Stellen Sie sich nun einmal vor, Sie würden Ihrem Vertriebsleiter für seine Kundenbesuche einen Fahrer zur Seite stellen. Was wären die konkreten Vorteile für ihn? Er könnte während der Fahrten ganz in Ruhe seine Kundentermine vor- oder nachbereiten, ohne Gefahr telefonieren oder sich auch zwischen zwei Terminen einfach etwas ausruhen. Seine Arbeitskraft wäre mit großer Wahrscheinlichkeit optimal ausgenutzt.

Ein Beispiel:

Ein Unternehmen aus Rheinland-Pfalz (...) setzt bei seinen Top-Verkäufern derzeit krisenbedingt unterbeschäftigte Mitarbeiter als Fahrer ein. So können die Verkäufer im Auto ihre Termine vorbereiten, Angebote ausarbeiten oder sich für den nächsten Verkaufstermin erholen.

Mit dem Einsatz des Fahrers erkauft sich das Unternehmen Zeit für die Top-Verkäufer! Folge: Sie haben mehr Zeit für wirksame Verkaufsgespräche. Und: Die Kosten für den Fahrer werden durch Mehrumsätze überkompensiert.

(aus: Verkaufsmanagement aktuell, Verkauf & Vertrieb inside, April 2010)

Ein solches Modell scheitert bei genauer Betrachtung nie am Geld – der Mitarbeiter, der als Fahrer fungiert, müsste meist sowieso bezahlt (oder aber entlassen) werden, und die Mehreinnahmen durch höhere Umsätze machen diesen finanziellen Einsatz erfahrungsgemäß mehrfach wieder wett.

Es scheitert eher am Widerstand der Kollegen, an deren Neid und dem vermeintlichen Imageverlust. Oder es wird eine kritische Reaktion der Kunden projiziert: Was werden die denken, wenn der Vertriebsleiter so vornehm angefahren kommt? Aber an diesem Punkt lässt sich auf der strategischen Ebene ganz leicht Abhilfe schaffen: Dann setzt sich der Außendienstmitarbeiter für die letzten 500 Meter eben selbst ans Steuer ...

Anregung:

Lassen Sie sich auf folgendes Gedankenspiel ein und beantworten Sie für sich die Fragen:

● Angenommen, Ihr Vertriebsleiter bekommt für einen Zeitraum von drei Monaten einen Fahrer zugeteilt: wie könnte er dann unterwegs seine Zeit sinnvoll nutzen?

● In welcher (körperlichen und geistig-seelischen) Verfassung käme er dann bei seinen Kunden an?

● Wie viele Kunden könnte er dann pro Tag mehr besuchen als zum jetzigen Zeitpunkt?

● Mit welchen Widerständen innerhalb Ihres Unternehmens müssten Sie rechnen und wie können Sie diese überwinden?

● Wie könnten Ihre Kunden negativ über diese Maßnahme denken – und wie könnte man ihnen den Wind aus den Segeln nehmen?

● Könnte unter Umständen sogar ein wenig beschäftigter Mitarbeiter aus Ihrem Unternehmen als Fahrer fungieren?

● Welche Vorteile, welche Nachteile sehen Sie außerdem?

Vielleicht denken Sie immer noch: Die Idee ist sicher gut und sinnvoll, aber wahrscheinlich halten mich die Kollegen und der Betriebsrat für verrückt, wenn ich das vorschlage. Nun, vielleicht ist diese Möglichkeit tatsächlich nicht eins zu eins auf Ihr Unternehmen übertragbar, aber lassen Sie sich dadurch zu eigenen Ideen inspirieren: möglicherweise macht es Sinn, dass Ihre Mitarbeiter ab und an mit der Bahn fahren und unterwegs ganz bequem auf dem Laptop ihre Hausaufgaben erledigen ...

Kurz gefasst:

Zeit für den Kunden ist die wertvollste Ressource, die es im Verkauf gibt – heben Sie diesen Schatz und gehen Sie damit achtsam und zielorientiert um!

Tipp 9: Gewähren Sie die nötige Innendienst-Unterstützung

Um was es geht:

Erfolgeiche Außendienstmitarbeiter sollten so weit wie möglich von Bürotätigkeiten entlastet werden, damit sie einen Großteil ihrer Arbeitszeit ihrem Kerngeschäft, den Gesprächen und Verhandlungen mit den Kunden, widmen können.

Die Idee mit dem Fahrer haben wir Ihnen bereits vorgestellt. Hier wäre noch zu ergänzen, dass ein solcher zwar vordergründig Kosten verursacht, wenn Sie allerdings den deutlich größeren Nutzen dagegen rechnen (Ihr Vertriebsleiter hat viel mehr Zeit für sein Kerngeschäft und wird auch entsprechend mehr Aufträge akquirieren), ist die Kosten-Nutzen-Frage schnell geklärt: Eine Einsparung an dieser Stelle wäre eine rein kosmetische Maßnahme ...

Wie können Sie nun möglichst zeitnah und effektiv weitere Entlastungen Ihrer Außendienstmitarbeiter (zumindest in einzelnen Abteilungen) realisieren?

Anregung:

Überlegen Sie gemeinsam mit Ihren Außendienstmitarbeitern:

● Welche Verwaltungsprozesse sind nicht direkt verkaufswirksam?

- Wer von den Mitarbeitern im Innendienst hat derzeit freie Kapazitäten?

- Könnten zum Beispiel Teile der Akquise (Terminvereinbarung, Vorverkaufsbrief) an einen anderen Kollegen delegiert werden?

- Wer könnte eingesetzt werden, um Kundenanfragen zu bearbeiten oder den Außendienst bei der Auftragsbearbeitung zu entlasten?

- Können Aufgaben wie Besuchsberichte, Reisekostenabrechnung und Fahrtenbucheinträge delegiert werden?

Wahrscheinlich können Sie gemeinsam mit Ihren erfahrenen Verkäufern und Innendienstmitarbeitern noch eine Reihe zusätzlicher Aspekte herausarbeiten, die spezifisch für Ihr Unternehmen noch weitere Entlastungsmöglichkeiten (vor allem in Bezug auf die notwendigen Bürotätigkeiten im Hintergrund) beinhalten. Solche Maßnahmen lassen sich in der Regel zeitnah umsetzen und führen zu einer spürbaren Erhöhung der Kernverkaufszeit.

„Die ganze Verkaufsarbeit besteht im Grunde genommen aus einem einzigen Punkt: Kunden besuchen. Zeigen Sie mir einen einzigen Verkäufer, der pflichtbewusst jeden Tag seine fünf Kunden besucht, ihnen seine Geschichte erzählt – und ich zeigen Ihnen einen Mann, der ganz einfach Erfolg haben muss!" (Bettger (2003), S. 41)

Kurz gefasst:

Achten Sie darauf, dass Ihre Mitarbeiter in Verkauf und Vertrieb keine wertvolle Zeit verschwenden mit Tätigkeiten, die genauso gut ein Kollege ausführen könnte, sondern erhöhen Sie die echte Verkaufszeit auf deutlich über 50 Prozent, am besten bis sie mindestens etwa zwei Drittel der Gesamtarbeitszeit beträgt.

Keine Kompromisse: Nur Qualität zählt!

Für viele Unternehmer und Führungskräfte ist das Thema Mitarbeiter in Vertrieb und Außendienst nicht einfach. Auf der einen Seite stehen die altbewährten Berater, Verkäufer und Außendienstler, die ihre Aufgabe gut verstehen, auf der anderen Seite die jungen, noch unerfahrenen Verkäufer, die jede Menge Motivation und neue Ideen mitbringen, gleichzeitig sind da auch die zurückgehenden Umsatzzahlen, die es beizeiten aufzufangen gilt – und wie kann man nun all das gut unter einen Hut bekommen?

Gute Mitarbeiter kann man nicht dadurch motivieren und zu noch höheren Leistungen anspornen, indem man ihnen sagt: „Das geht so und so" oder „das muss man anders machen". Gute Verkäufer wissen selbst, wie es geht; sie brauchen vielleicht nur etwas mehr Motivation oder Begeisterung – oder eine neue Sicht der Dinge, um weiterhin ihr Soll zu erbringen.

Zur Erhaltung und Steigerung der Umsatzzahlen sind primär andere Faktoren maßgeblich: Die Anzahl und Qualität der Kundenkontakte ist nach wie vor das A und O einer guten Vertriebsstrategie. Also kommt es entscheidend darauf an, die Kontakte zu den bestehenden und zu den potenziellen Kunden auszubauen: Mehr Gespräche, qualitativ bessere Gespräche, effektivere und vor allem nachhaltigere Gespräche. Das ist natürlich in Krisenzeiten eine große Herausforderung.

Dabei stellt sich immer wieder heraus, dass nicht alle Verkäufer gleich gut zu allen Kunden passen – jeder hat seine eigene Art, auf andere Menschen zuzugehen, seine ganz persönliche Herangehensweise an bestimmte Fragestellungen. Natürlich lässt sich vieles mittels bestimmter Techniken lernen oder antrainieren, aber eben nicht alles …

Daher macht es durchaus Sinn, vorausgesetzt Sie haben diese Option, dass Sie als Unternehmer (oder Ihr Vertriebsleiter) ab und an einen Blick darauf werfen, ob Ihre Außendienstmitarbeiter wirklich gemäß ihrer Kompetenzen arbeiten bzw. ob sie die Möglichkeit haben, ihre Fähigkeiten auch wirklich beim Kunden zum Einsatz zu bringen.

Tipp 10: Das dauerhaft erfolgreiche Verkaufsteam – die richtige Mischung macht's

> **Um was es geht:**
>
> In schwierigen Zeiten sind verschiedene Fähigkeiten eines Verkäufers gefragt. Den Alleskönner wird es dabei wohl nicht geben, aber Sie können sich ein Vertriebsteam zusammenstellen, das gemeinsam die unterschiedlichen Bedürfnisse bezüglich der Kundenwünsche abdeckt.

Intelligente Akquisition von Neukunden, Vertrauensaufbau, leidenschaftlicher Service und langfristige Kundenbindung sind die wesentlichen Voraussetzungen für dauerhaften verkäuferischen Erfolg. Welche Arten von Verkäufern werden benötigt, um weiterhin auf Wachstumskurs zu bleiben? Hier lassen sich im Großen und Ganzen die folgenden Typen unterscheiden:

1. Der *Bedarfsdecker* ist in der Lage, bei langjährigen Stammkunden den aktuellen und zukünftigen Bedarf festzustellen, um ihnen dann rasch und zuverlässig bedarfsgerechte Angebote zu präsentieren.

2. Ein *Bedürfniswecker* verfügt über die Gabe, selbst bei lustlos-gleichgültigen Kunden Wünsche und Bedürfnisse zu wecken, die eben genau durch seine Produkte und Dienstleistungen befriedigt werden können.

3. Der *Konkurrenzverdränger* versteht sich darauf, einen Mitbewerber aktiv zu verdrängen und dem umworbenen Kunden den großen Unterschied zum Wettbewerber zu verdeutlichen. Wichtig: er praktiziert das auf eine Art und Weise, die ihm vom Kunden nicht als negative Handlung ausgelegt würde. Denn oft ist er gleichzeitig auch ein …

4. … *Kundenbinder*, also jemand, der bei Stammkunden höchste Reputation genießt und dem es durch strikt kundenorientierte Angebote gelingt, den Kunden vom Wettbewerber abzuschirmen.

Es wird kaum einen Verkäufer geben, der über all diese Kompetenzen gleichzeitig verfügt. Das ist letztendlich auch nicht nötig: Ein Team, dessen Mitglieder diese Fähigkeiten gemeinsam abdecken, lässt sich im praktischen Alltag sowieso um vieles gezielter und erfolgreicher einsetzen als eine Einzelperson.

So kann der jeweilige Leiter einer Vertriebs- oder Verkaufsabteilung dann gemeinsam mit seinen Mitarbeitern eruieren, welcher von ihnen am besten mit welchem Kunden Kontakt aufnimmt:

- Bei welchen Kunden ist der Bedarf bereits ermittelt, so dass man jetzt das passende Angebot unterbreiten kann?

- Wo besteht die Möglichkeit, dass der Verkäufer die bislang verborgenen Bedürfnisse des Kunden weckt?

- Bei welchen Kunden besteht eine realistische Chance, dass sie sich von ihren bisherigen Lieferanten trennen?

- Und wer sollte engmaschig betreut und immer wieder mit Folgeangeboten bedacht werden?

Die zentrale Frage lautet also: Welcher Verkäufer(typ) kann es mit welchen Kunden besonders gut?

Anregung:

Die verschiedenen Arten von Verkäufern können vom typischen Konkurrenzverdränger profitieren, indem sie sich von seiner Basisidee inspirieren lassen und sich bei ihm gewisse grundlegende Gesprächsstrategien abschauen:

- er vermag im Kundengespräch die Schwächen der Mitbewerber zu kommunizieren

- und zwar. ohne dabei den Widerstand des Kunden wachzurufen,

- so dass dieser nicht in die Situation gezwungen wird, seinen bisherigen Lieferanten verteidigen zu müssen.

Der Konkurrenzverdränger stellt die bisherige Lösung des Kunden sachlich in Frage und zeigt ihre Grenzen auf, ohne sie in irgendeiner Weise schlecht zu machen. Anschließend legt er dar, dass er eine bessere Lösung anbieten kann, qualitativ und/oder preislich. Oft kommt sogar der Kunde selbst zu dem Schluss, dass seine vorige Entscheidung deutliche Mängel aufweist und eine Veränderung zum jetzigen Zeitpunkt wie gerufen kommt.

In ähnlicher Form setzte auch Walt Disney bei vielen seiner Projekte im Vorfeld die speziellen Stärken verschiedener Charaktere ein, um eine effektive Ideenentwicklung und Umsetzung zu gewährleisten:

Die Walt-Disney-Methode (auch Walt-Disney-Strategie genannt) ist eine Kreativitätsmethode auf der Basis eines Rollenspiels, bei dem eine oder mehrere Personen ein Problem aus drei Blickwinkeln betrachten und diskutieren. Die Methode geht auf Robert B. Dilts zurück, der über den berühmten

Filmproduzenten und Zeichentrick-Pionier Walt Disney schrieb: „...tatsächlich gab es drei Walts: den Träumer, den Realisten und den Miesepeter...".

Als Kreativitätsmethode funktioniert die Walt-Disney-Methode am besten mit vier statt drei Rollen:

1. Träumer (Visionär, Ideenlieferant)
2. Realist (Realist, Macher)
3. Kritiker (Qualitätsmanager, Fragensteller)
4. Neutrale (Beobachter, Berater)

(Quelle: Wikipedia)

(Umsetzungs-)Beispiel:

Vier Stühle werden mit diesen Rollen markiert, so dass jeder immer die Rolle der anderen erkennen kann. Als Einzeltechnik beginnt man auf der neutralen Position und analysiert das Problem. Dann bewegt man sich auf eine der anderen Positionen, nimmt diese Rolle ein und argumentiert aus dieser Perspektive. Man verändert die Positionen im Wechsel solange, bis ein ausreichend guter Zustand einer Idee entwickelt wurde. Die zuletzt eingenommene Position ist wieder die neutrale. Als Gruppenrollenspiel nehmen verschiedene Personen die einzelnen Positionen ein, diskutieren ein Problem, bis ein Standpunkt erreicht ist. Dann wechseln sie die Rollen und diskutieren erneut, bis ein ausreichend guter Entwicklungsstand erreicht ist. (ebenda)

Bei jedem Projekt sind die verschiedenen Perspektiven hilfreich, weil sie unterschiedliche Kompetenzen beinhalten:

● Der *Träumer* ist kreativ, begeistert, enthusiastisch und hat die originellsten Ideen, ohne sich vom Grad ihrer Realisierbarkeit auch nur im Mindesten beeinflussen oder gar einschüchtern zu lassen.

● Der *Realist* vertritt einen pragmatischen Standpunkt: er untersucht die Umsetzungsmöglichkeiten und entwickelt die einzelnen Schritte und Voraussetzungen zur Realisierung.

● Der *Kritiker* prüft genau, wägt Pro und Kontra ab, sucht die möglichen Gegenargumente und Einschränkungen. Er hat eine wichtige Funktion: Oft werden die kritischen Stimmen eher verdrängt, dabei können gerade ihre (meist berechtigten und von daher auch hilfreichen) Einwände und Argumente erheblich zur klaren Planung und qualitativen Verbesserung eines Projekts beitragen.

- Der neutrale *Beobachter* sieht wie von oben herab auf das ganze Geschehen: Er erkennt dabei, welche Aspekte bislang noch außer Acht gelassen wurden; er sieht den größeren Zusammenhang und die langfristigen Folgen.

Eine solche Mischung aus Rollen oder Kompetenzen ist auch dann hilfreich, wenn Sie eine neue Verkaufs- oder Werbestrategie implementieren möchten, neue Produkte in neuen Märkten lancieren wollen oder einfach mal wieder frischen Wind in alt gewohnte Abläufe bringen. Vielleicht erarbeiten Sie auf diese Weise mit Ihrem Verkaufsteam völlig neue und Kunden anziehende Ideen?

Kurz gefasst:

Mischen Sie gezielt die Kompetenzen und Fähigkeiten in Ihrem Team, damit Sie verschiedene (Kunden-)Bedürfnisse abdecken können und als Unternehmen einerseits kreative und innovative Kräfte pflegen und zur Geltung kommen lassen, andererseits die konsequente und effiziente Umsetzbarkeit Ihrer Pläne und Strategien nicht aus den Augen verlieren.

Tipp 11: Ersetzen Sie erfolglose Verkäufer durch neue, starke Verkäufer

Um was es geht:

Wenn Sie auch in schwierigen Zeiten am Markt bestehen wollen, ist es unabdingbar, dass Sie konkurrenzfähig bleiben. Und für dieses Ziel brauchen Sie den konstruktiven und erfolgreichen Einsatz eines jeden einzelnen Mitarbeiters.

Von daher sollten Sie den Kontakt zu Ihren Mitarbeitern, vor allem zur Vertriebsabteilung, regelmäßig pflegen und sich über die aktuellen Umsatzzahlen auf dem Laufenden halten. Auch die Gespräche anlässlich der Jahresplanung tragen dazu bei, zeitnah zu überprüfen, ob sich Ihre Mitarbeiter mit ihrer Tätigkeit noch wohl fühlen und vor allem ob sie die gewünschten Ergebnisse bringen.

So werden Sie frühzeitig feststellen, wenn der Umsatz bei einem einzelnen Verkäufer spürbar zurückgeht oder jemand deutlich hinter den Ergebnissen der Kollegen zurückbleibt. Überlegen Sie mit ihm gemeinsam, welche Art von Unterstützung oder auch persönlichem Coaching er braucht (von Ihrer Seite, vom Innendienst, aus der Marketingabteilung …), um wieder bessere Resultate zu erzielen. Und falls dieser Mitarbeiter trotzdem seine Umsatzzahlen nicht innerhalb einer angemessenen Frist wieder auf das erwartete (und realisierbare!) Niveau anheben kann, sollten Sie sich von ihm trennen.

Das mag – so kurz und knapp ausgedrückt – möglicherweise recht hart für Sie klingen: Viele Unternehmer scheuen sich (verständlicherweise) davor, gerade in schwierigen Zeiten Mitarbeiter zu entlassen. Man spürt eine gewisse Verantwortung oder sagt sich, ein bisschen Umsatz durch einen schlechten Verkäufer ist immer noch besser als gar kein Umsatz – das mag alles seine Berechtigung haben, bringt Sie aber letztendlich keinen Schritt weiter. Im Gegenteil: Das Marktpotenzial wird nicht ausgeschöpft, im Verkaufsteam entsteht Frust und Ärger über die ungleichen Ergebnisse („Müssen wir hier eine Niete mitschleppen?"), und beim Kunden kommt Verunsicherung auf, möglicherweise springt der eine oder andere sogar wegen zu wenig sachkundiger Betreuung ab.

Außerdem wird ein Mitarbeiter, der an seinem Arbeitsplatz dauerhaft nicht die gewünschten und die möglichen Ergebnisse erzielt, schließlich auch selbst darunter leiden. Höchstwahrscheinlich setzt er sich sowieso schon unter großen Druck und gibt sein Bestes – und das reicht eben an dieser Stelle nicht mehr. Wenn er seiner Arbeit weiterhin nachgeht, werden seine Enttäuschung und Frustration von Tag zu Tag steigen und im gleichen Maß wird möglicherweise die Außendarstellung Ihres Unternehmens Schaden nehmen: Wie kann ein frustrierter Mitarbeiter noch Begeisterung für sein Unternehmen und Überzeugung bezüglich der von ihm vertretenen Produkte ausstrahlen?

Das eigentliche Potenzial Ihres Mitarbeiters ist blockiert und kann an diesem Arbeitsplatz nicht (mehr) zur Entfaltung kommen. Er wird unglücklich, im schlimmsten Fall sogar krank – und damit ist nun keinem von Ihnen beiden wirklich geholfen.

Deshalb ist an dieser Stelle eine faire Trennung oft die beste Lösung für beide Beteiligten: Der Verkäufer hat eine Chance, an anderer Stelle neu anzufangen, und auch Sie können ihn durch einen Kollegen ersetzen, der mit frischer Kraft und neuen Ideen wieder etwas bewegen kann, zum Wohl Ihres ganzen Unternehmens.

Kurz gefasst:

Scheuen Sie sich nicht, erfolglose Verkäufer – nachdem Sie alle Möglichkeiten der Unterstützung und Förderung ausgeschöpft haben – durch neue, starke Verkäufer zu ersetzen: im Interesse Ihres Unternehmens und Ihrer Kunden!

Tipp 12: Setzen Sie Innendienstmitarbeiter im Vertrieb ein

Um was es geht:

In der Krise führen Umsatzeinbrüche oft dazu, dass Mitarbeiter aus Produktion oder Innendienst nicht mehr ausgelastet sind, während im Außendienst und Verkauf noch weitere Mitarbeiter zur Unterstützung gebraucht würden.

Sie werden – nicht zu Unrecht – einwenden: „Ein Innendienstler ist nun mal kein idealer Verkäufer, sonst würde er doch schon von vornherein im Außendienst arbeiten." Diese Einschätzung stimmt aber nur teilweise: Oft liegt es auch an anderen Faktoren, dass jemand innerhalb seiner beruflichen Laufbahn gerade in der einen oder anderen Abteilung gelandet ist.

Wichtig ist natürlich, vorab die Bereitschaft und Motivation abzuklären: Wenn Innendienstmitarbeiter ihre neuen Aufgaben in Verkauf und Vertrieb nur widerwillig übernehmen, ist der Misserfolg wahrscheinlich nicht zu vermeiden. Und sie sollten auf jeden Fall eine fundierte und auf sie persönlich abgestimmte Schulung für die anstehenden Beratungs- und Verkaufsgespräche bekommen.

Eine Umschichtung von unterbeschäftigten Innendienstmitarbeitern in den Außendienst, sozusagen als Verkäufer auf Zeit, kann mittelfristig eine ganze Reihe von Vorteilen für das Unternehmen mit sich bringen:

- Die betroffenen Mitarbeiter sitzen nicht auf einmal untätig herum und strahlen möglicherweise eine negative Stimmung aus, fühlen sich unnütz und fehl am Platz oder reagieren mit innerer Kündigung,

- selbst wenn sie zunächst weniger Aufträge akquirieren als ihre erfahrenen Kollegen, ist das immer noch besser als vorher,

- sie kennen sich oft erstaunlich gut aus bezüglich der Produkte und Dienstleistungen oder im Hinblick auf das Abschluss-Procedere und brauchen nur noch die notwendige Unterstützung und ein paar Ideen für den direkten Umgang mit potenziellen Kunden,

- Sie als Unternehmer müssen zunächst niemanden entlassen, dessen Arbeitskraft und Arbeitsqualität Sie weiterhin brauchen und für Ihre Anliegen nutzen können,

- und solche Maßnahmen verursachen keinen großen Aufwand und vor allem keine wesentlichen Mehrkosten,

- des Weiteren wird das Verständnis der Innendienstmitarbeiter für Anforderungen an die Kollegen im Außendienst zunehmen,

- und die ganze Aktion lässt sich bei Bedarf auch wieder rückgängig machen.

Ein Beispiel:

Diese Maßnahme wurde bei der Firma Würth während einer Krise in den neunziger Jahren realisiert: Innerhalb kurzer Zeit wurden etwa zehn Prozent der Mitarbeiter vom Innen- in den Außendienst versetzt. Mit überzeugenden Erfolgen.

Erfolgreiche Unternehmen wagen solche Versetzungen innerhalb der eigenen Strukturen etwa viermal häufiger als weniger erfolgreiche Firmen, und nicht wenige dieser Verkäufer auf Zeit gewinnen sogar dauerhaft Spaß an ihrer neuen Aufgabe.

Dieser Nebeneffekt ist durchaus erwünscht: Gute Verkäufer sind knapp, und diese Mitarbeiter kennen und wissen bereits vieles aus dem Betrieb und dessen Strukturen und Abläufen, was sie sich – im Gegensatz zu neuen externen Verkaufskräften – nicht erst mühsam aneignen müssen.

Kurz gefasst:

Unterbeschäftigte Mitarbeiter aus dem Innendienst im Vertrieb einzusetzen ist sinnvoller, als dass sie unproduktiv sind und ihre Arbeitszeit einfach nur absitzen.

Kompetenzen entwickeln und pflegen

Ihre Mitarbeiter in Außendienst und Beratung sind die ersten, die gegenüber einem neuen Kunden Ihr Unternehmen darstellen, die es quasi nach außen verkörpern: Sie stehen für

- Ihre Firma,
- Ihre Marke,
- Ihr Image,
- Ihr Nutzenversprechen,
- Ihr Qualitätsbewusstsein,
- Ihre Zuverlässigkeit

und vieles mehr.

Sind sie auch mit den dafür notwendigen Kompetenzen ausgestattet? Es liegt in Ihrem eigenen Interesse – und Sie können so manches dazu beitragen! – dass Ihre Vertriebsmannschaft begeistert und sachkundig an ihre Aufgaben herangeht, einen guten Eindruck hinterlässt und so langfristig nachhaltige Erfolge erzielt.

Nicht zu vernachlässigen ist allerdings auch der Eindruck, den Ihr Haus als Ganzes beim Kunden hinterlässt; dazu gehören die Dame am Telefon genauso wie der Servicemitarbeiter oder der Hausmeister.

Tipp 13: Wo ist in Ihrem Unternehmen die Verkaufsabteilung?

Um was es geht:

Jeder Mitarbeiter, egal ob im Außen- oder im Innendienst, kann (und muss) zum Verkaufserfolg beitragen.

Die Verkaufsabteilung sollte in Ihrem Unternehmen überall zu finden sein – vom einfachen Hausmeister über den Werkstattleiter und die Auszubildenden bis hin zur Buchhaltung, zur Telefonistin und zur Empfangsdame im Chefbüro: Die innere Einstellung eines jeden einzelnen ist von großer Bedeutung, egal in welcher Abteilung und in welcher spezifischen Funktion er oder sie tätig ist.

Mancher Kunde wurde unter großem Einsatz an Zeit, Geld und Energie vom Berater gewonnen und ging später durch eine respektlose oder verständnislose Kommunikation anlässlich einer Reklamation wieder verloren. Dabei geht es um mehr als nur darum, dass der Kunde mit Ihrer Betreuung und Beratung zufrieden ist: Zufriedene Kunden sind diejenigen, die täglich bereit sind, ihren Produktanbieter zu wechseln. Begeisterung ist das, was die Kunden langfristig an Ihr Haus bindet.

Anregung:

Stellen Sie sich die folgenden Fragen bezüglich Ihrer internen Firmenkultur:

● Wie werden Ihre Verkäufer und Berater vom Innendienst wahrgenommen?

● Welches Image haben sie firmenintern, wie wird von anderen über sie gesprochen?

● Welchen Stellenwert haben Ihre Kunden?

● Wie sprechen die Mitarbeiter im Service oder im Rechnungswesen über sie?

● Wie können Sie im ganzen Unternehmen eine positive Haltung und respektvolle Kommunikation gegenüber Ihren Kunden fördern?

Information, Kommunikation und Service sind die Bereiche, in denen Sie mit Hilfe Ihrer Mitarbeiter Ihre Kunden immer wieder überraschen und begeistern können – und so eine langfristige Kundenbindung aufbauen: Die Verkaufsabteilung sollte in Ihrem Unternehmen **überall** zu finden und zu erleben sein.

Kunden erwarten heute, dass sie – egal, mit wem sie es im Unternehmen zu tun haben – freundlich angesprochen, kompetent beraten, zufrieden gestellt und sogar begeistert werden. Jeder Kunde braucht so oft wie möglich die Bestätigung für seine Entscheidung: „Es ist richtig, bei diesem Unternehmen einzukaufen" oder „Es war eine gute Idee, den Vertrag gerade mit diesem Unternehmen zu schließen."

Kurz gefasst:

Jeder Mitarbeiter sollte sich im weitesten Sinne als Verkäufer erleben; er sollte seine Aufgabe darin sehen, möglichst viel beizutragen, um den Umsatz und Ertrag des Unternehmens zu steigern; er sollte sich nach außen entsprechend kundenorientiert und kundenfreundlich verhalten und sich gleichzeitig darum bemühen, dem Außendienst das Leben leichter zu machen.

Tipp 14: Haben Ihre Verkäufer auch einen Coach?

Um was es geht:

Investieren Sie in die Ausbildung Ihrer Verkäufer! Machen Sie sie zu Experten für Kundengewinnung und Kundenbindung.

Verkäufer sind oft wie Spitzensportler: Sie müssen während des Kundengesprächs im Beratungs- und Entscheidungsprozess in der Lage sein, innerhalb von wenigen Sekunden Situationen zu erkennen, zu analysieren, danach zu handeln und natürlich am Ende das Verkaufsgespräch möglichst mit einem Auftrag abzuschließen.

Spitzensportler haben immer einen Coach. Ihre Verkäufer auch? Sie werden einwenden: „Das kostet richtig viel Geld." Und damit haben Sie zweifelsfrei recht: Ein guter Coach stellt eine erhebliche Investition dar. Und die ist sicher kurzfristig gesehen eine zusätzliche finanzielle Belastung für Ihr Unternehmen. Andererseits wollen Sie doch auch Ihre Umsätze steigern und langfristig eine nachhaltige Stabilität bezüglich Ihres Erfolgs erreichen und ausbauen.

Anregung:

Fragen Sie sich selbst:

● Ab wie vielen neuen Kunden oder Vertriebspartnern oder ab welchen zusätzlichen Umsätzen rechnet sich eine solche Investition für Sie?

● Welche zusätzlichen Chancen könnten sich daraus ergeben?

● Wie hoch ist das Investitions-Restrisiko? Können Sie es ruhigen Gewissens eingehen?

- Wie kann eine solche Maßnahme die Bindung zu Ihren Vertriebspartnern und Kunden langfristig verstärken?
- Können Sie möglicherweise Ihre Verkäufer an den Kosten beteiligen?
- Lassen sich unter Umständen mit dem Coach Preisvorteile aushandeln, wenn Sie ihn zum Beispiel ein Jahr im Voraus für jeweils einen Tag im Monat fest buchen?

Solche Programme, die die Effektivität in Verkauf, Vertrieb und Beratung unterstützen und steigern, sind immer als langfristige Investition zu betrachten. Die Bereitschaft der Mitarbeiter zu solchen Trainings und Fortbildungen ist in der Regel hoch; sie sind gerade in finanziell schwierigen Zeiten dankbar für jegliche Form der Unterstützung. Im Grunde braucht es nicht einmal ein externer Fachmann zu sein – vielleicht lassen sich die persönlichen Berater aus den eigenen Reihen akquirieren?

Ein Beispiel:

Die Volks- und Raiffeisenbank Starnberg-Herrsching-Landsberg e. G. plante ein nachhaltiges Programm zur Mitarbeiterentwicklung. Die Initiatoren wollten es möglichst mithilfe der eigenen Mitarbeiter umsetzen. So fragten sie ihre 180 Verkäufer während eines Meetings, wer von ihnen Interesse daran hätte, die begleitenden Umsetzungsprozesse im Vertrieb als Coach zu unterstützen. Es wurden zwei von ihnen ausgewählt, die in der Folgezeit auf Kosten der Bank zum systemischen Berater und Coach ausgebildet wurden. Anschließend begleiteten sie etwa drei Jahre lang ihre ehemaligen Kollegen in Einzel- und Teamgesprächen und unterstützten sie bei der Klärung aller möglichen strategischen und persönlichen Fragen. Als die neuen Maßnahmen erfolgreich implementiert waren, kehrten sie an ihren ursprünglichen Arbeitsplatz als Verkäufer zurück. Diese Maßnahme war für alle Beteiligten ein großer Erfolg: Der Nutzen den das Unternehmen erwirtschaftete, überstieg die Kosten für die zusätzliche Ausbildung deutlich. Die „Coaches auf Zeit" hatten zudem den Vorteil, dass sie sich im Kerngeschäft ihrer Hilfe suchenden Kollegen ja bestens auskannten. So konnten sie mit ihrem neu erworbenen Wissen gemeinsam optimale Lösungsstrategien entwickeln.

Falls Sie einen Coach von außerhalb engagieren, achten Sie darauf, dass er selbst kompetent und erfolgreich in Verkauf oder Vertrieb tätig war, so dass er die Menschen mit ihrem Denken und ihren Verhaltensweisen versteht (sowohl Ihre Verkäufer als auch die Kunden), und holen Sie sich für Ihr Unternehmen einfach den Besten – ganz so wie es die erfolgreichsten Spitzensportler vormachen.

Kurz gefasst:

Verkäufer sind Spitzensportler – als solche verdienen sie auch kompetente Trainer. Der langfristige Erfolg wird den finanziellen Einsatz wieder nachhaltig wettmachen.

Tipp 15: Stellen Sie die Kompetenz Ihrer Top-Verkäufer dem gesamten Vertriebsteam zur Verfügung

Um was es geht:

In jedem Team gibt es *die* Top-Verkäufer. Warum stellen Sie nicht deren Wissen und deren Erfolgsstrategien der gesamten Verkaufsmannschaft zur Verfügung?

Als Alternative zum vorigen Tipp oder dessen Weiterentwicklung können Sie grundsätzlich Ihre eigenen Spitzenkräfte zum Verkaufscoach ausbilden lassen, damit sie dann ihre Kenntnisse bezüglich effektiver Verkaufsprozesse an die Kollegen weitergeben können. Allerdings hat dieses Vorgehen erfahrungsgemäß oft eine Schwachstelle: Viele erfolgreiche Verkäufer können auf Anhieb gar nicht genau definieren, was nun im einzelnen ihr Erfolgsrezept ist, oder wiedergeben was sie im Verkaufs- oder Beratungsgespräch wann warum auf welche Weise sagen oder tun und was sie in ihrem Verhalten im Detail von den weniger erfolgreichen Kollegen unterscheidet.

„Er ist eben eine Verkäuferpersönlichkeit." „Er engagiert sich mehr als die anderen." „Das liegt an seiner sympathischen Ausstrahlung." So und ähnlich lauten die Antworten auf die Frage, was jemanden zu einem guten Verkäufer werden lässt. Doch das ist meist nur die halbe Wahrheit. Natürlich macht die „energetische Signatur", die persönliche Ausstrahlung einen – bisweilen entscheidenden – Unterschied:

Anregung:

Die folgenden emotionalen und strukturellen Kompetenzen sind wichtige Faktoren bezüglich der energetischen Signatur eines Menschen. Überlegen Sie, inwieweit diese auf Ihre Top-Verkäufer zutreffen:

● Freundlichkeit

● Neugier auf den Kunden als anderen Menschen: Wie denkt, fühlt, handelt oder entscheidet er?

● Klarheit in der (inneren und äußeren) Denk- und Verhaltensstruktur sowie in der Persönlichkeit

● Klarheit in der Gesprächsführung

● offenes vorurteilsfreies Zuhören

● Respekt und Akzeptanz für die Welt des anderen

und so weiter – welche weiteren Aspekte fallen Ihnen noch dazu ein? Fügen Sie Ihre eigenen Ideen hinzu!

Das ist – wie gesagt – nur die eine Seite der Medaille. Mehr denn je kommt es heutzutage für einen guten Verkäufer darauf an, dass er darüber hinaus bewusst und gezielt Gespräche initiieren, führen und zum erfolgreichen Abschluss bringen kann. Und dazu braucht es mehr als ein freundliches überzeugendes Auftreten: Er muss im richtigen Moment die richtigen Fragen stellen können und im entscheidenden Augenblick souverän zum Abschluss führen (dazu mehr im zweiten Teil des Buches).

Die grundsätzliche Strategie, vorhandenes Wissen besser und breiter gestreut zu nutzen, lässt sich im Grunde auf einfache Art und Weise umsetzen. Viele Unternehmen praktizieren auch die Möglichkeit, ihre Top-Verkäufer in regelmäßigen Abständen die Kollegen unterrichten zu lassen; kleine Workshops ergänzt durch Fallstudien und praktische Übungen lassen sich oft zeitnah und ohne allzu großen Aufwand realisieren.

Kurz gefasst:

Die Persönlichkeiten Ihrer Mitarbeiter können Sie nicht ändern, aber Sie können sie mit dem Wissen, den Strategien und Argumenten Ihrer Spitzenkräfte ausstatten und ihnen damit effektive Werkzeuge für eine erfolgreichere Verkaufspraxis an die Hand geben.

Der Kunde im Fokus

Kunden finden, begeistern, gewinnen und langfristig halten – das sind heutzutage die zentralen Aufgaben im Verkauf. Und wer auch in schwierigen Marktphasen Wachstum anstrebt, der muss die Grenzen des Gewohnten überschreiten und ganz aktiv neue Kundengruppen erschließen. Dazu braucht er nicht unbedingt noch härter zu arbeiten, als er es vermutlich sowieso schon tut: Oft genügt es, ein wenig mehr vor allem in neue Richtungen nachzudenken …

Bildlich gesprochen: Kämpfen Sie nicht länger mit Ihren Mitbewerbern um Wettbewerbsvorteile und Marktanteile, um das größte oder letzte Stück vom vorhandenen Kuchen, sondern überlegen Sie sich lieber, welche Zutaten oder welches Rezept Sie noch benötigen, um sich einen neuen Kuchen zu backen, der dann ganz alleine Ihnen gehört.

Es geht also darum, wie man neue Kundengruppen erschließen und langfristig an sein Unternehmen binden kann. Wie man Kunden, an die in der eigenen Branche bislang noch niemand gedacht hat, anzieht und Kunden, die mal hier mal dort kaufen, auf das eigene Unternehmen einschwören kann. Für die ersten Schritte in diese Richtung genügt es vielleicht schon, einmal in Gedanken die Definition des eigenen Angebots zu erweitern:

Angenommen, Sie betreiben eine Backstube mit drei Filialen in einer Kleinstadt. Auf die Frage, was Ihre Kunden an Produkten, Leistung oder Service bei Ihnen bekommen, antworten Sie spontan: „Wir bieten unseren Kunden frische Backwaren: Die meisten kaufen Brot, Brötchen oder süße Stückchen bei uns ein."

Sobald Sie nun Ihr Selbstverständnis innerlich erweitern und sich gleichzeitig ein wenig in die Welt des Kunden hineindenken, könnte folgende Definition entstehen: „Wir bieten unseren Kunden die Möglichkeit, sich im Alltag ab und zu selbst zu belohnen."

Damit stehen Sie zwar einerseits sofort in Konkurrenz beispielsweise zu Eisdielen oder Cafés, andererseits eröffnet Ihnen dieses neue Denken eine Perspektive, aus der möglicherweise die eine oder andere clevere Strategie erwächst – vielleicht könnten Sie Ihren Konkurrenten so manchen Kunden abwerben, indem Sie zum Beispiel eine kleine „Pause-im-Alltag"-Ecke einrichten, wo der Kunde in Ruhe einen cremigen Cappuccino trinken kann, oder es gibt täglich ein Angebot zum Sonderpreis unter der Rubrik „Haben Sie sich heute schon belohnt?"

Erweitern Sie Ihre gedanklichen Grenzen, vor allem im Bezug auf die Definition Ihrer Wettbewerber und überlegen Sie, auf welche ungewohnten Kundensegmente Sie Ihre Angebote ohne großen Aufwand ausweiten oder ausrichten können.

Tipp 16: Kreative Neukundengewinnung

Um was es geht:

Es gibt viele Definitionen für den Begriff „Kreativität", vor allem in den Bereichen Marketing und Verkauf – oft versteht jeder etwas anderes darunter. Das Wichtigste dabei ist jedoch, dass Sie sich etwas Originelles einfallen lassen, das wirklich zu Ihnen, zu Ihren Werten und zu Ihren Talenten passt.

Es geht also darum, auf kreative, intelligente und pfiffige Art und Weise neue Kunden zu finden und zu begeistern.

Anregung:

Werden Sie zum Quer-Denker und überlegen Sie,

● wo Sie sich einen neuen Markt schaffen können,

● wie Sie ein neues bislang noch nicht berücksichtigtes Kundensegment erschließen

● oder wie Sie Ihr bisheriges Angebot denselben Kunden auf neue und unwiderstehliche Art präsentieren können.

Die letztgenannte Anregung setzt der Betreiber eines italienischen Restaurants in Berlin seit einiger Zeit um – mit grandiosem Erfolg:

Ein Beispiel:

Stellen Sie sich folgende Situation vor: Sie haben Ihre Geschäftspartner in dieses Lokal eingeladen und soeben gemütlich und genüsslich zusammen gegessen. Sie fragen nach der Rechnung, und der Chef kommt persönlich an Ihren Tisch; er erkundigt sich, ob es Ihnen geschmeckt hat und ob Sie zufrieden waren. Sie bestätigen ihm: Sowohl Essen als auch Service waren ausgezeichnet. Und er verbeugt sich lächelnd und sagt: „Es ist mir eine Freude, Sie heute Abend einzuladen, betrachten Sie sich bitte als meine persönlichen Gäste." Auf Ihre verwunderte Rückfrage erklärt er Ihnen, dass am heutigen Abend alle Gäste seines Restaurants nicht zu bezahlen brauchen. An einem Abend im Monat – den er alleine und meist ganz spontan bestimme – lade er alle Gäste seines Restaurants auf eigene Kosten ein ...

Natürlich erzählen Sie und Ihre Geschäftspartner (und wahrscheinlich auch die anderen Gäste dieses Abends) dieses Erlebnis im Freundeskreis weiter, zumal das Essen wirklich ausgezeichnet war – und so verwundert es nicht, dass dieses Restaurant mittlerweile täglich bis auf den letzten Platz belegt ist. Diverse Zeitungsmeldungen tragen ebenfalls dazu bei, dass diese kreative Idee ihre Früchte trägt, es gibt bereits erste Nachahmer, die damit genauso begeistert und erfolgreich sind. Und dadurch, dass der Umsatz mittlerweile an den meisten Abenden im Monat deutlich höher ist als früher, sind die Kosten für den einen „teuren" Abend für den Besitzer rasch wieder amortisiert.

Kurz gefasst:

Lassen Sie sich etwas Neues, Außergewöhnliches einfallen und überraschen Sie Ihre Kunden mit einem Nutzen oder Effekt, der ihnen positiv im Gedächtnis bleibt.

Tipp 17: Rabatte? Nicht mit uns!

Um was es geht:

Viele Unternehmen haben im Laufe der Zeit diverse Rabattsysteme oder Preisnachlässe eingeführt, die stillschweigend weiter praktiziert werden – bis jemand auf die Idee kommt, sie intelligent zu hinterfragen.

Eine einfache Form der Gewinnoptimierung besteht in der Bereinigung von Rabattdschungeln: Im Laufe der Zeit kann es leicht passieren, dass einmal gewährte Rabatte eine Art Eigenleben entwickeln: Sie ufern aus, werden nicht rechtzeitig zurückgenommen, sind nicht mehr nachvollziehbar, bleiben dennoch bestehen und erweisen sich letztendlich als viel zu hoch. Und meist steht solchen Preisnachlässen nicht einmal eine Gegenleistung des Kunden gegenüber, sondern sie wurden irgendwann in der Preisverhandlung durchgedrückt und haben sich mit der Zeit stabilisiert.

Anregung:

Überprüfen Sie das Rabattsystem in Ihrem Unternehmen:

● Führen Sie Kleinkundenrabatte auf eine angemessene Höhe zurück.

● Senken Sie Ihre Prozentsätze um ein paar Stellen hinter dem Komma, anstatt sie aufzurunden.

● Vermindern Sie die Schrittweite der Rabattstufen, z. B. von 5/10/15 Prozent auf 4/8/12 Prozent.

● Überlegen Sie, ob sich in Ihrem Fall statt Preisnachlässen auch Natural- oder Mengenrabatte realisieren lassen. (Das hat auch den Vorteil, dass sich Mengenrabatte nach einer gewissen Zeit leichter wieder zurücknehmen lassen als Preissenkungen!)

Preisnachlässe kosten letztendlich viel Geld, und immer wieder wird nicht realistisch genug eingeschätzt oder im voraus berechnet, wie viel mehr an Umsatz nötig ist, um Preisreduktionen wieder auszugleichen. Was oft nicht genügend beachtet wird, ist die Tatsache, dass zum Beispiel fünf Prozent Preisnachlass nicht gleichbedeutend ist mit fünf Prozent weniger Gewinn. Meist lassen sich die Produktionskosten nämlich nicht gleichzeitig (und schon gar nicht im selben Maß) reduzieren, so dass der Verlust durch den Preisnachlass sich vorrangig auf die Gewinnspanne niederschlägt.

Ein Beispiel:

Angenommen, Sie verkaufen Güter zum Stückpreis von 15.000 Euro; Ihr Gewinn beträgt pro Verkauf 1.500 Euro. Wenn Sie dem Kunden nun einen Rabatt von 5 Prozent gewähren, sind das 750 Euro – das macht bereits die Hälfte Ihres Gewinns aus!

Auf der anderen Seite steht die Erfahrung, dass Kunden ständig nach Preisreduktionen suchen und sie stillschweigend erwarten – und dass die Konkurrenz vielerorts auch die gewünschten Rabatte anbietet. Nun wollen Sie natürlich Ihre Kunden halten und deren Erwartungen auch so gut es geht erfüllen; gleichzeitig zeigt die Erfahrung, dass Kunden sich schnell an niedrigere Preise gewöhnen. Wenn Sie Ihre Preise einmal deutlich gesenkt haben, wird es schwer sein, sie später wieder zu erhöhen; Preissteigerungen lassen sich schon in wirtschaftlich guten Zeiten nur schwer durchsetzen. Deshalb probieren Sie lieber Alternativen zum Thema Preisnachlass aus, zum Beispiel eine der folgenden:

1. Bewerben Sie einen zeitlich befristeten Abverkauf:

Abverkäufe, Lager-, Räumungs-, Renovierungs- oder Umbauverkäufe sind von Natur aus zeitlich limitiert, das heißt, der Kunde rechnet damit, dass die günstigeren Preise nur vorübergehend sind, und Sie können nach einer festgelegten Zeit zum ursprünglichen Preisniveau zurückkehren.

2. Bieten Sie kostenlose Zugaben an:

Statt eines Preisnachlasses bieten Sie dem Kunden ein Zubehör-Produkt an, das er sich sonst kaufen müsste. Beispielsweise verkaufen Sie ein Netbook und geben einen hochwertigen Speicherstick kostenlos dazu. Oder zum neuen Fahrrad gibt es gratis ein Stahlschloss. Bei dieser Taktik kommt es wesentlich darauf an, dass der Kunde klar erkennt, welchen Wert er zusätzlich bekommt.

Ein Beispiel:

Der Buchverlag GU, der Bücher rund um die Themen Gesundheit und Lebenshilfe vertreibt, hat im Frühjahr 2010 folgendes Konzept umgesetzt: Der GU Küchenratgeber „Niedrigtemperaturgaren" wurde in eine Packung eingeschweißt zusammen mit einem (gut sichtbaren) Backofenthermometer als kostenloser Zugabe; zum Küchenratgeber „Kochen für Babys" gibt es bunte Wärmesensor-Löffel gratis dazu.

3. Schnüren Sie Paketpreise (sogenanntes Bundling):

Geben Sie zwei Produkte zusammen etwas billiger ab, als sie einzeln kosten würden. Zum Beispiel, wenn sie für sich je 10 Euro kosten, zahlt der Kunde für beide zusammen nur 18 Euro. Auch eine solche Maßnahme ist zeitlich unabhängig und kann von Ihrer Seite jederzeit wieder aufgehoben werden.

4. Gewähren Sie Mengen- oder Treuerabatte:

Es hat sich vielfach bewährt, Rabatte von den Produkten abzukoppeln und an das Umsatzvolumen zu binden: So können Sie ab einem Auftrags- oder Bestellwert in einer bestimmten Höhe einen vorher definierten Nachlass gewähren. Viele Internet-Bestellshops haben zum Beispiel umso geringere Bearbeitungs- oder Portokosten je höher die Bestellsumme ist; das heißt, der Kunde überlegt sich: „Wenn ich jetzt noch Ware für 10 Euro mehr bestelle, spare ich dafür 4 Euro Portokosten" – und er bestellt dann tatsächlich. Oder Sie gewähren Ihren Stammkunden einen persönlichen Rabatt: Wer viel und häufig kauft, hat dann von vornherein einen eigenen (kalkulierbaren) Nachlass. Manche Versicherungen praktizieren das in Form eines Familienrabatts; das erhöht die Kundenbindung und gleichzeitig fühlen sich die Kunden auch persönlich angesprochen und wertgeschätzt.

5. Gewähren Sie ungewöhnliche Garantien:

Bieten Sie Ihren Kunden sogenannte „Preisgarantie-Produkte" an.

Ein Beispiel:

Beim Autokauf erwirkt der Käufer oft Preisnachlässe von 2.000 Euro und mehr. Ein Autohersteller kommt nun auf die Idee, für seine Leasingwagen für die ersten drei Jahre den Spritpreis zu garantieren. Das könnte dann etwa so aussehen: Angenommen, der Benzinpreis liegt bei 1,40 Euro und würde innerhalb der drei Jahre auf 1,70 Euro steigen. Bei einer jährlichen Fahrleistung von 20.000 km und einem Spritverbrauch von 2.000 Litern würde der Kunde 1.800 Euro sparen – der Händler würde deutlich besser fahren als mit dem Preisnachlass. Gleichzeitig hätte eine solche Benzinpreisgarantie wahrscheinlich für den Käufer eine größere und attraktivere Verkaufswirkung als der gewohnte Rabatt auf den Verkaufspreis.

6. Bieten Sie anstelle eines Preisnachlasses lieber eine Probezeit an:

Vereinbaren Sie, dass das Produkt innerhalb dieser Probezeit ohne Angabe von Gründen wieder zurückgegeben werden kann, das ist für viele Verbraucher ein attraktives Angebot. So sind einige Maschinenbauer dazu übergegangen, ihre Maschinen den Kunden (gegen eine monatliche Miete) zunächst testweise zur Verfügung zu stellen. Die Vorteile liegen auf der Hand:

- der Kunde braucht sich nicht gleich für den Kauf zu entscheiden, sondern kann von Monat zu Monat neu disponieren, somit verringert er sein finanzielles Risiko;

- der Hersteller braucht die Maschinen nicht in der Hoffnung auf bessere Zeiten zu lagern;

- er baut Überkapazitäten ab und verbessert so die Stimmung im Betrieb;

- während der „Probe"-Zeit tragen die Maschinen im Kundenunternehmen zur Umsatzsteigerung bei;

- der Maschinenführer lernt die Vorteile im Alltag kennen und schätzen (schnellere und leichtere Bedienbarkeit) und wird so zum „Co-Verkäufer",

- und oft ist es schließlich so, dass der Kunde nach ein paar Monaten vom Nutzen der neuen Maschine dermaßen überzeugt ist, dass er sie dann doch kauft.

Diese Idee findet sich in ähnlicher Form auch bei Konsumgütern: Für viele Produkte gibt es inzwischen verlängerte Rückgabefristen, so dass die Verbraucher in Ruhe zuhause testen können mit dem Wissen: Ich kann den Kauf notfalls immer noch rückgängig machen, auch wenn ich das Produkt schon benutzt habe. Eine solche Garantie erleichtert die Kaufentscheidung, etwa wenn es um (Haushalts-)Geräte geht, die eigentlich schon Luxus sind (elegante Design-Kaffeeautomaten, Foto-Laserfarbdrucker, teure HiFi-Anlagen usw.).

Kurz gefasst:

Nehmen Sie, wo immer möglich, Abstand von übertriebenen Preisnachlässen, und praktizieren Sie stattdessen lieber zeitlich befristete Angebote, ungewöhnliche Testphasen oder kreative Garantien.

Tipp 18: Clevere Angebote für den Kunden: Seien Sie „merk-würdig"

Um was es geht:

In Ihrer Branche haben Sie ziemlich sicher zahlreiche Mitbewerber; das heißt, Sie brauchen Angebote für Ihre Kunden, die Sie über die anderen hinausheben und auf Dauer gesehen unverwechselbar und unwiderstehlich machen.

Auch hier gibt es wieder verschiedene Möglichkeiten, und wenn Sie erst damit begonnen haben, über Ihren eigenen Tellerrand hinaus zu denken, sind Ihrer Fantasie und Kreativität keine Grenzen gesetzt. Dabei geht es nicht darum, auf einmal alles ganz anders zu machen, auf der ganzen Linie besser zu werden, sondern oft genügen, so Anja Förster und Peter Kreuz in ihrem Buch „Alles außer gewöhnlich", relativ kleine Veränderungen:

1. Sie werden an einem Punkt radikal anders und damit besser,

2. Sie verzichten an einer Stelle auf einen der gängigen Werte oder senken ihn auf ein Minimum ab, weil er aus Kundensicht sowieso keinen Unterschied macht,

3. Sie fügen einen komplett neuen Wert hinzu.

Für diese Strategien führen die Autoren die folgenden Beispiele an:

Beispiele:

1. „So könnte sich zum Beispiel eine Fluggesellschaft radikal von anderen unterscheiden, indem sie mit der extremen Unflexibilität von Flugtickets Schluss machte. (...) richtig gut wäre eine Airline, die ihre Preise so kalkuliert und ihre Logistik so im Griff hat, dass sie sagen kann: ein Ticket Frankfurt-London kostet soundso viel Euro – und es kann grundsätzlich jederzeit umgebucht werden."

2. „Warum es Sinn machen kann, auf einen Wert zu verzichten, hat Ryanair vorgemacht. Es gibt dort keine Bordverpflegung mehr. Dafür zahlt der Kunde weniger für sein Ticket. Und die Zielgruppe von Ryanair honoriert genau das."

3. „Einen besonders witzigen Einfall hatte Virgin Atlantic für seine Flüge von London in die USA. Die Passagiere der Business Class werden

mit dem Motorrad in der City abgeholt. Etwas unbequem? Vielleicht. Aber so düst man an jedem Stau vorbei und ist so schnell wie noch nie in Heathrow."

(Förster/Kreuz (2007), S. 131)

Interessant wird es beim letzten Punkt natürlich, wenn es Ihnen als Anbieter gelingt, den Kunden langfristig an sich zu binden. Hier habe ich vor kurzem auf Kundenseite eine interessante und angenehme Erfahrung gemacht:

Ein Beispiel:

Ich hatte mir einen BMW Mini Cooper S Cabrio gekauft, und wenige Tage später bekam ich einen Anruf von der BMW-Zentrale. Eine freundliche Dame gratulierte mir zu meiner Kaufentscheidung und erklärte, dass sie mir als Dankeschön ein Überraschungspaket schicken wolle. Sie überprüfte meine Kontaktdaten und erkundigte sich, ob ich einen Motorradführerschein habe, welche weiteren Autos in der Familie gefahren werden und ob sie mir einmal im Monat interessante Angebote per Mail schicken dürfe. Sie wirkte sehr professionell, gleichzeitig persönlich, empathisch und fröhlich. Ich ließ mich richtig anstecken von ihrer guten Laune und habe ihre Fragen gerne beantwortet. Als Folge dieses angenehmen Gesprächs bin ich einmal mehr überzeugter Kunde dieses Unternehmens. (Bei Manuskriptabgabe war das Paket noch nicht eingetroffen – aber ich habe ein paar Mal daran gedacht...)

Was Kunden neben der persönlichen Ansprache auch immer positiver bewerten, ist, wenn sie selber in Prozesse einbezogen werden. Ein einfaches Beispiel zeigt, was hier gemeint ist: Wenn ich als Kunde etwas im Internet bestelle, habe ich bei einer wachsenden Anzahl von Unternehmen die Möglichkeit, mir anschließend auch den Liefertermin auszusuchen: Ich gehe ins Netz und überprüfe, welche Termine frei sind, davon suche ich mir den günstigsten aus und hinterlasse die entsprechende Anweisung.

Zahlreiche Angebote im Internet lassen den Kunden immer mehr selbst mitbestimmen – und der Kunde weiß das zu schätzen. Angefangen bei der Bestellung von Blumen, Torten oder Glückwunschkarten, die auf den Tag genau beim Beschenkten eintreffen, bis hin zur Zusammenstellung der Zutaten im persönlichen Frühstücksmüsli oder der Ausstattungsdetails meines neuen Kleinwagens: Wo der Verbraucher möglichst viel selbst gestalten kann, fühlt er sich ernst genommen.

In eine andere Richtung geht ein Konzept zur Kundenbindung, das eher darauf ausgerichtet ist, dem einzelnen Kunden ein auf ihn persönlich abgestimmtes – langfristiges – Paketangebot zu unterbreiten.

Ein Beispiel:

Ein Marketingstratege bei Procter & Gamble könnte der Mutter eines Neugeborenen folgendes Angebot machen: „Bis Ihr Kleiner aus den Windeln raus ist, braucht er im Durchschnitt 7000 Stück. Das bedeutet für Sie, dass Sie rund 100mal neun Kilogramm schleppen müssen. Wenn Sie wollen, mache ich Ihnen ein einmaliges Angebot: Sie ordern bei mir die 7000 Stück zum Großabnehmerpreis. Zum Start gibt es einen Laufstall, zum zweiten Geburtstag ein Schaukelpferd. Und das Tollste: Sie brauchen nie mehr Windeln zu schleppen. Wir bringen sie einmal in der Woche bei Ihnen zu Hause vorbei – wann immer es Ihnen am besten passt." (Christiani (2002), S. 239)

Mit einer solchen Strategie kann es gelingen, einen vorhersehbaren Dauerbedarf des Kunden durch ein individuell geschnürtes Leistungspaket abzudecken und den Kunden auf diese Art langfristig an das eigene Unternehmen zu binden: Nach den Windeln kommt die Babynahrung dazu, möglicherweise auch Spielsachen oder Bekleidung, später Zubehör für die Schule und so weiter.

Nutzen Sie Ihre Fantasie und überlegen Sie, ob Sie auch in Ihrer Branche die Kunden mit durchdachten Leistungspaketen für sich gewinnen können.

Kurz gefasst:

Oft genügen kleine aber pfiffige und vor allem für den Kunden nützliche (möglicherweise individualisierte) Angebote, die den entscheidenden Unterschied machen und aus Zufallskäufern Dauerkunden werden lassen.

Außerdem ...

Hat Ihr Unternehmen Charisma? Oder anders gefragt: Haben Sie einen sichtbaren Expertenstatus und wie kommunizieren Sie diesen nach außen? Für eine anziehende Ausstrahlung Ihres gesamten Unternehmens sind mehrere Komponenten verantwortlich:

● Wie schaffen Sie es, von außen wahrgenommen und gefunden zu werden? Von potenziellen Kunden oder Multiplikatoren? Von Top-Verkäufern, die gerne bei Ihnen arbeiten wollen?

● Wie pflegen Sie die Begeisterung in Ihrem Vertriebsteam? Welches sind Ihre spannenden und motivierenden Ziele?

● Wie haben Sie bisher große Herausforderungen bewältigt? Wie wollen Sie zukünftige Innovationen angehen?

Bekanntheitsgrad und Expertenstatus sind wichtige Voraussetzungen für eine gute Positionierung am Markt. Die folgende Erfahrung zeigt, dass es sich immer wieder lohnt, in die Optimierung des Bekanntheitsgrades zu investieren.

In vielen deutschen Städten gab es vor zwanzig Jahren bis zu einem Dutzend Bäckereien, die sich im Großen und Ganzen durch nichts unterschieden, außer vielleicht durch eine mehr oder weniger günstige Lage. Dann wurde der eine oder andere Betrieb an den Sohn vererbt; der hatte vielleicht sogar studiert und ganz neue Ideen im Kopf: Er investierte in den Handwerksbetrieb des Vaters und gab ihm eine neue Einrichtung, er erweiterte das Angebot um Bio-Produkte, ergänzte eine gemütliche Verweilecke mit Stilmöbeln und Kaffee-Ausschank und erweiterte die Öffnungszeiten in den frühen Morgenstunden – und vor allem sorgte er dafür, dass man über diesen Laden sprach, dass er durch gezielte Werbemaßnahmen bekannt wurde. Mittlerweile hat dieser Betrieb eine Handvoll gut gehender Filialen, während die Mitbewerber mehr oder weniger vor sich hinvegetieren. Und es sind nicht die größeren Brötchen, die besseren Preise oder die freundlicheren Mitarbeiter, die diesen Erfolg begründet haben – es liegt daran, dass über diese Bäckerei (alternativ: diesen Friseursalon, diesen Metzger, dieses Fitness-Studio...) eben häufiger, mehr und besser gesprochen wird als über andere.

Was sich hier im Kleinen bewährt hat, funktioniert auch im Großen: Machen Sie sich und Ihr Unternehmen bekannt! Sorgen Sie dafür, dass Ihre Kunden (auch die zukünftigen!) wissen, was Sie für sie tun, und dass sie das auch weitersagen.

Wie das konkret aussehen kann, zeigt die folgende Erfahrung aus den USA: Vor einigen Jahren wurde der amerikanische Marketingspezialist Claude Hopkins von der Bierbrauerei Schlitz engagiert: Schlitz-Bier, damals auf Platz 18 im amerikanischen Markt, wollte gerne Marktführer werden. Claude Hopkins ließ sich die Herstellung von Bier im Detail erklären und war von den einzelnen Schritten und der durchdachten Sorgfalt, mit der sie ausgeführt wurden, hellauf begeistert: „Ihr habt ein fantastisches Produkt! Ich hätte nie gedacht, dass man eine solche Qualitätsphilosophie entwickeln könnte, nur um Bier zu brauen. Wenn wir das mit euren Kunden kommunizieren, dann verspreche ich: Ihr seid in kurzer Zeit Marktführer."

Die Firmenleitung war skeptisch: Schließlich arbeiteten andere Brauereien nach ziemlich demselben Verfahren. Die Antwort, die Claude Hopkins darauf gegeben haben soll, drückt genau den zentralen Punkt aus, um den es hier geht und der heute noch eine wichtige Anregung für effektives Marketing darstellt: „Es ist völlig gleichgültig, ob Ihr genauso arbeitet wie alle Kollegen. Solange Ihr die ersten seid, die dem Kunden erklären, was Ihr für ihn tut, werdet Ihr den Markt gewinnen." (Christiani (2003), S. 268f.)

Und so war es dann auch: Mit diesem Konzept, dem Kunden transparent zu machen, was das Unternehmen im Einzelnen tut, gelang es Schlitz-Bier, innerhalb kurzer Zeit auf Rang eins zu gelangen.

Tipp 19: Der Kontakt-Magnet: Ziehen Sie Kunden und Top-Verkäufer magisch an

Um was es geht:

Lassen Sie sich leicht finden, und stellen Sie klar heraus, was Sie wem wann und wie anbieten können und wie Sie das tun, was Sie tun. Je klarer Ihre Positionierung ist, umso leichter können sich andere für Sie entscheiden.

Zunächst ist es vor allem in Bezug auf Ihre wichtigsten Zielgruppen unabdingbar, dass Sie auf dem Markt deutlich sichtbar und auffindbar sind.

Anregung:

Stellen Sie sich die folgenden Fragen zur aktuellen Marktpositionierung Ihres Unternehmens:

● Sind Sie im Telefonbuch/Branchenbuch/Internet gut und schnell auffindbar?

● Mit welchen Aspekten Ihres Unternehmens treten Sie nach außen hin auf?

● Welche Art von Marketing oder Öffentlichkeitsarbeit war bislang die erfolgreichste für Sie und Ihr Unternehmen?

● Woran messen Sie das?

● Wie vermitteln Sie Ihren Kunden und Interessenten, dass Sie auf Ihrem Gebiet Experte sind und etwas ganz Besonderes anzubieten haben?

● Wie intensiv nutzen Sie das Internet für Ihr Unternehmen (eigene Website, Auffindbarkeit in Suchmaschinen, Bestellkatalog, Antwort auf spezifische Kundenfragen, Erfahrungsaustausch der Kunden untereinander, Webblog usw.)?

In den meisten Branchen ist darüber hinaus die Mund-zu-Mund-Propaganda ein wichtiger Faktor: Wer von einem Produkt oder einer Dienstleistung begeistert ist, erzählt das automatisch an andere weiter. Diesen Effekt können Sie natürlich auch für sich nutzen, aber bedenken Sie dabei, dass sich die guten Erfahrungen Ihrer zufriedenen Kunden nur auf ganz bestimmte Bereiche begrenzt herumsprechen werden, denn Menschen kennen andere Menschen hauptsächlich aus vier Kontexten:

1. aus der Familie oder Verwandtschaft,
2. über den Freundeskreis oder die Hobbys,
3. aus dem beruflichen Umfeld und
4. aus der Nachbarschaft.

Wenn Sie diesen Effekt klug zu nutzen wissen und Ihre Zielgruppen innerhalb solcher Kommunikationsgemeinschaften definieren, werden sich Empfehlungen über Ihren Expertenstatus und die Qualität Ihrer Produkte und Dienstleistungen schneller herumsprechen. Und wenn Sie darüber hinaus auch noch gut zu finden sind, wird sich das in Ihrem Unternehmen spürbar und effektiv in steigender Nachfrage niederschlagen.

Des Weiteren wollen Sie natürlich auch gute Mitarbeiter und Top-Verkäufer anziehen. Haben Sie sich diesbezüglich schon einmal folgende Fragen gestellt?

- Würde der Top-Verkäufer meines Mitbewerbers auch voller Begeisterung für mein Unternehmen arbeiten?

- Was braucht es noch in meinem Unternehmen, damit sich die Experten gerne um eine offene Stelle bei mir bewerben?

- Bin ich eine Persönlichkeit, die wie ein Magnet andere anzieht?

- Was tue ich für die Stärkung und Entwicklung meiner Persönlichkeit in meiner Funktion als Unternehmer?

- Welche energetische Signatur (gefühlte Unterschrift) hinterlässt mein Unternehmen im Internet, im Webauftritt oder nach einem persönlichen Gespräch?

Gute Führungskräfte und Vorgesetzte haben bei der Auswahl ihrer Mitarbeiter nicht in erster Linie die Stärkung der eigenen (Macht-)Position, sondern das Vorankommen ihres Unternehmens im Blick. Und je stärker nun Ihre eigene Persönlichkeit ist, umso wahrscheinlicher werden Sie – geradezu magnetisch – neue Mitarbeiter anziehen, die ihrerseits ein starkes Charisma ausstrahlen. Und die möglicherweise gerade deshalb zu Ihnen in Widerspruch und Opposition gehen werden: Etwas Besseres kann Ihnen gar nicht passieren! Denn es kommt nicht darauf an, dass Sie eine Mannschaft von „Ja-Sagern" etablieren, sondern das Wesentliche ist, dass die inneren Werte stimmen und übereinstimmen: Vertrauen, Integrität, Engagement und Begeisterung. Dann kann die Energie gemeinsam auf das Endprodukt und auf die Bedürfnisse des Kunden ausgerichtet werden.

Ein Beispiel:

Auch das Autorenteam, das dieses Buch für Sie erarbeitet hat, muss sich immer wieder neu zusammenraufen: Einer von uns ist sehr kreativ, fantasievoll, denkt in assoziativen Beispielen und bringt (wiederholt) 1000 neue Ideen, Erfahrungen und Möglichkeiten ein, der andere ist eher logisch begabt, denkt und arbeitet strukturell und versucht Übersicht, logische Abfolgen und inhaltliche Plausibilität in den Text zu implementieren ... Kein Wunder, dass hier immer wieder stunden- und nächtelang gerungen und gefeilt (und gefeilscht) wird. Wenn wir nun allerdings beide gleich gestrickt wären, könnte die Zusammenarbeit nicht im Ansatz so kreativ und konstruktiv sein, und es käme auch niemals dieses interessante Endprodukt zustande!

Erfolgreiche Unternehmer nehmen gerne in Kauf und legen sogar Wert darauf, dass neue Mitarbeiter neue Ideen einbringen und sich nicht zwangsläufig so schnell wie möglich an die altbewährten vorgegebenen Strukturen anpassen müssen. Von Mitarbeitern, die ganz unbefangen an ihre Aufgaben herangehen, können Sie bisweilen mehr lernen als in einem gut durchdachten (aber oft zu theoretischen) Seminar. Nur durch Widerspruch und Reibung können beide Seiten ihre Ideen und ihre Kreativität entwickeln und damit neue Produkte, Dienstleistungen oder Services kreieren, die für Ihre Kunden attraktiv und erstrebenswert sind. Und genau das bringt Ihr Unternehmen effektiv und nachhaltig voran!

Kurz gefasst:

Pflegen Sie eine gute Auffindbarkeit im Markt und achten Sie darauf, dass in den „richtigen" Kreisen positiv über Sie gesprochen wird. Lassen Sie in Ihrem Unternehmen auch kreative Andersdenker zu – so werden Sie zum Magneten für zufriedene Kunden und erfolgreiche Mitarbeiter.

Tipp 20: Begeisterung und lohnende Ziele

Um was es geht:

Für die besten Teams, Belegschaften und Mitarbeiter reicht es nicht aus, dass sie ihren Beruf ausüben, um mit ihrer Tätigkeit Geld zu verdienen: Sie brauchen auch eine dahinter stehende Motivation, ein gemeinsames Ziel, einen Sinn, ein Anliegen oder eine übergeordnete Perspektive.

Wo diese übergeordneten Aspekte fehlen, fehlt rasch auch die Begeisterung für die eigene Aufgabe, die Motivation, etwas bewegen zu wollen. Und nur Begeisterung und innere Motivation führen dazu, dass Menschen etwas riskieren, dass sie sich etwas Neues ausdenken und innovativ werden. Deshalb ist es wichtig, diese spezielle Begeisterung im Team zu wecken und zu pflegen, so dass jeder Beteiligte spürt, dass es sich lohnt, ein gemeinsames attraktives Ziel zu verfolgen.

Ein Beispiel:

In Teams, die sich einer bestimmten Aufgabe verschrieben haben, zum Beispiel Feuerwehr oder Rettungsmannschaften, ist die Orientierung auf ein gemeinsames Ziel derart motivierend, dass die unterschiedlichsten Menschen absolut effektiv Hand in Hand arbeiten. In der Ausrichtung auf dieses Ziel spielen Hierarchien oder Imagefaktoren keinerlei Rolle mehr (!), jeder hat seinen Platz und weiß genau, was er zum Erfolg des Ganzen beitragen kann – und exakt das tut er auch.

Von einer derart intensiven Motivation und Zielausrichtung können sich so manche Projektteams in Firmen einiges abschauen. Also: Kreieren Sie ein Anliegen für Ihr Unternehmen, eine übergeordnete Vision, die Ihre Mitarbeiter motiviert und zu neuen Ideen anregt. Fassen Sie spannende und lohnende Ziele in Auge! Ziele, die aus Einzelkämpfern eine ehrgeizige Mannschaft machen und die es gleichzeitig jedem Einzelnen erlauben, seine Fähigkeiten einzubringen und weiterzuentwickeln.

Anregung:

Finden Sie heraus, welches die verlockendste Motivation, das stärkste Anliegen für Ihre Verkaufsteams ist:

- die Nummer eins in einem bestimmten Marktsegment zu werden,
- einen bestimmten Wettbewerber zu überflügeln,
- einen sichtbaren Beitrag zu leisten, um diese Welt zu verbessern,
- oder noch etwas ganz anderes?

Besprechen Sie diese Aspekte mit Ihren Mitarbeitern und prüfen Sie, welches Ziel die größte Motivationskraft für sie hat.

Gehen Sie hier mit gutem Beispiel voran, oder – wie Mahatma Gandhi sagte – seien Sie die Veränderung, die Sie in der Welt sehen möchten. Nichts ist ansteckender als gelebte Begeisterung. Und nur wenn der Unternehmer seine innere Motivation pflegt und sich um seine persönliche Weiterentwicklung kümmert, kann und wird er Erfolge sehen. Und in demselben Maß wird sich auch sein Unternehmen weiterentwickeln und langfristig erfolgreich sein.

Eine Motivation anderer Art kann für die Mitarbeiter daraus erwachsen, dass sie am Erfolg des Unternehmens finanziell beteiligt werden. Das kann so aussehen, dass ein gewisser Prozentsatz ihres Gehalts in Abhängigkeit vom Kontostand des Unternehmens variabel berechnet wird, z. B. 80 Prozent des Gehaltes sind fix und 20 Prozent variabel.

Eine rasch spürbare Konsequenz dieses Konzeptes ist, dass die Mitarbeiter beginnen, unternehmerisch zu denken und mehr Verantwortung für das Große und Ganze zu übernehmen: Reisen werden nur noch zweiter Klasse gebucht, Kundengespräche öfter per Videokonferenz abgehalten statt im direkten Gespräch, Preise für notwendige Investitionen einmal mehr verglichen, kurz: der Mitarbeiter ändert sein Denken (von „Die Firma zahlt ja sowieso alles" zu „Wie könnte das kostengünstiger gehen?") und entdeckt zahlreiche effiziente Möglichkeiten, Geld zu sparen.

Und je mehr das Unternehmen als Ganzes spart, umso höher ist wiederum die finanzielle Beteiligung des Mitarbeiters innerhalb seines variablen Gehalts: eine klassische Win-win-Situation.

Überprüfen Sie bezüglich der Motivationsfrage auch Ihren Umgang mit Ihren Mitarbeitern: Ehrliche Anerkennung für die Leistung des Einzelnen sowie aufrichtige Wertschätzung, Interesse und Respekt für die Person haben eine starke Motivationskraft. Dabei reicht es nicht, einmal im Jahr bei der Weihnachtsfeier ein Lob auszusprechen. Ihre grundsätzliche innere Haltung zu Ihren Verkäufern ist ausschlaggebend, und sie sollte das ganze Jahr über immer wieder Ausdruck finden.

Anregung:

Vielleicht können Sie als Vorgesetzter in Ihrem Unternehmen eine spezielle E-Mail-Adresse einrichten, die Sie exklusiv an Ihre Mitarbeiter im Verkauf weitergeben, so dass Sie auf diesem Weg rasch und direkt miteinander in Verbindung treten können. So erfahren Sie viele Details von der Front: wie die Kunden über Ihre Produkte und Dienstleistungen denken, welche Chancen oder Hindernisse Ihre Verkäufer sehen und anderes mehr. Versprechen Sie nicht, jede einzelne Mail zu beantworten, aber fassen Sie die wichtigsten Erkenntnisse und interessantesten Ergebnisse von Zeit zu Zeit zusammen und schicken Sie sie an alle Adressen in diesem Spezialverteiler zurück.

Seien Sie auch stringent im Umgang mit schwierigen Mitarbeitern: Selbst wenn die Ergebnisse eines Verkäufers zufrieden stellend sein mögen, sein

Verhalten aber nicht zur Kultur des Unternehmens passt und zu wünschen übrig lässt, zögern Sie nicht, sich so schnell wie möglich von ihm zu trennen. Ein schlechtes Verhalten stört den guten Geist Ihres Unternehmens und nimmt den Kollegen die Motivation. Ein gutes und konstruktives Betriebsklima ist aber gerade in wirtschaftlich schwierigen Zeiten eine wichtige Voraussetzung für stabile Umsätze und langfristige Erfolge.

Kurz gefasst:

Wecken und pflegen Sie Begeisterung in Ihrem Verkaufsteam und fassen Sie für Ihr Unternehmen spannende und lohnende Ziele ins Auge.

Tipp 21: Senken Sie die Kosten durch Prozessoptimierung

Um was es geht:

Neben der Außenwirkung eines Unternehmens und der Personalstruktur ist auch die Stringenz der internen Prozesse ein wichtiger Faktor, wenn es darum geht, die Kosten im Blick und im Griff zu behalten: Durch Prozessoptimierung können Sie an vielen Stellen Zeit und Geld sparen oder auf der anderen Seite sogar neue Tätigkeitsfelder erschließen.

Wer in seinem Unternehmen die Ablaufprozesse im Griff hat, hat damit automatisch auch seine Kosten besser im Griff. Dieser Zusammenhang ist vielen nicht klar, leuchtet aber bei näherem Hinsehen sofort ein: Sie sollten wissen, was geschieht, wenn Sie an der einen oder anderen Stelle an den gewohnten Prozessen etwas ändern.

Vereinfacht dargestellt: Je mehr Sie über die einzelnen Arbeitsprozesse in Ihrem Unternehmen wissen, umso leichter erkennen Sie auch, wo sich Prozesse ähnlich sind, sich gleichen oder sogar wiederholen. Hier ist es sinnvoll, die Arbeitsabläufe so aneinander anzugleichen, dass Sie mit derselben Anzahl von Mitarbeitern ein größeres Pensum bewältigen oder mit weniger Mitarbeitern dasselbe wie zuvor erreichen können.

In beiden Fällen verbessert sich der Ertrag bzw. Erlös Ihres Unternehmens, so dass Sie einen höheren Gewinn machen. Damit können Sie Ihren Mitarbeitern ein höheres Gehalt zahlen – wenn Sie mehr bieten (können), bekommen Sie auch besser qualifizierte Mitarbeiter. So setzen Sie eine Aufwärtsspirale in Gang, die Sie dabei unterstützt, Ihren Erfolg nachhaltig zu steigern.

Je genauer Sie nun Ihre eigenen internen Prozesse kennen und um deren Effektivität wissen, umso eher erkennen Sie auch, wo es sinnvoll ist, sich mit anderen Unternehmen zusammenzuschließen, um dann gemeinsam die Synergien zu nutzen und damit neue Kundensegmente zu erschließen oder die vorhandenen noch besser auszuschöpfen.

Ein Beispiel:

Die Bayer MaterialScience AG gehört zu den weltweit größten Herstellern von Polymeren und hochwertigen Kunststoffen, die in allen möglichen Produktionsbetrieben Verwendung finden. Mit ihrem „Eco-Commercial Building Program" entwickelte sie nun – über den eigenen Tellerrand hinausblickend – ein integriertes Konzept, mit dem Architekten, Bauherren und Nutzer von Bürogebäuden, Industriehallen und Super- oder Großmärkten ihre Bauprojekte mit Hilfe der Bayer-Kunststoffe nachhaltig, umweltfreundlich und gleichzeitig wirtschaftlich umsetzen können.

Als erster Partner auf diesem Gebiet liefert die Bayer MaterialScience AG ganzheitliche Material- und Strategielösungen, die auch in Zukunft den kontinuierlichen Veränderungen der Städteentwicklungen und der Begrenzung von Energieressourcen gewachsen sind. Hinter der „Eco-Commercial Building"-Initiative verbirgt sich das Konzept, die besten Materialien, Systeme und Technologien zusammenzubringen, um im Einklang mit den klimatischen Bedingungen am jeweiligen Standort zu bauen. Zentraler Bestandteil ist das inzwischen aufgebaute Partnerschaftsnetzwerk, das Zulieferer, Baufirmen, Architekten und Bauherren umfasst. Bayer bringt seine Kompetenz und Hightech-Produkte ein und vermittelt Partner für maßgeschneiderte Lösungen zum Bau energieoptimierter kommerzieller und öffentlicher Gebäude – von Niedrigenergie-Häusern über Passivhäuser bis hin zu Null-Emissions-Gebäuden.

Hier finden Sie eine gelungene Synthese aus einem prozessoptimierten Zusammenschluss mit anderen Unternehmen und einer fundierten Motivation („einen sichtbaren Beitrag zu leisten, um diese Welt zu verbessern"), die dem ganzen Projekt Sinn und Ausrichtung gibt.

Kurz gefasst:

Überprüfen Sie Ihre internen Prozesse daraufhin, inwieweit sie optimiert werden können oder sich als Basis für neue Projekte oder Kooperationen eignen, so dass Sie auf dem Weg über die Prozesse auch Ihre Kosten im Griff behalten können.

21 Denkanstöße und Tipps für Verkäufer

(Selbst-)Coaching

Was beeindruckt Sie mehr an einem Menschen, den Sie noch nicht näher kennen: seine Fachkompetenz oder seine anziehende positive Ausstrahlung? Im Allgemeinen werden wir schneller und stärker durch eine sympathische Ausstrahlung angezogen. Und das geschieht meist jenseits unserer Bewusstseinsschwelle, also im Unterbewusstsein. Deshalb ist es wichtig, vor allem für Menschen, die wie Sie viel mit (potenziellen) Kunden zu tun haben, dass Sie nicht nur Ihr optisches Erscheinungsbild pflegen, sondern sich auch konsequent um diese anziehende Ausstrahlung, um Ihre „energetische Signatur" kümmern.

Dazu gehören unter anderem die folgenden Aspekte:

- Fühlen Sie sich wohl in Ihrer Haut? Sind Sie mit sich als Person und mit dem, was Sie tun, im Einklang?

- Stehen Sie zu 100 Prozent hinter Ihrem Unternehmen, hinter dem Produkt oder der Dienstleistung, die Sie vertreiben?

- Haben Sie für sich eine gute Strategie zur Erreichung Ihrer Ziele entwickelt, ist Ihre Zeiteinteilung effektiv?

- Sind Sie mit Ihren Ergebnissen zufrieden?

- Stimmen das kollegiale Umfeld und der Austausch mit den Vorgesetzten? Erfahren Sie genügend Unterstützung und Anerkennung?

- Schaffen Sie es, mit Veränderungen gut umzugehen?

- Können Sie Kritik von anderen konstruktiv verarbeiten und einen positiven Nutzen daraus ziehen?

Wenn Sie schon an diesen grundlegenden Punkten Unsicherheit verspüren, wenn hier Defizite bestehen und Unzufriedenheit aufkommt, ist es sicherlich schwer, positiv und entspannt durch den Tag zu gehen. Auf positive Gedanken kommt es aber entscheidend an: Unsere Gedanken (und in der Folge natürlich auch unsere Worte) sind Energien, die je nach ihrer Qualität im Körper harmonische oder disharmonische Schwingungen verursachen. Und diese Schwingungen spürt auch unser jeweiliger Gesprächspartner sehr schnell. Beim Thema Erfolg geht es nicht nur um Fachkompetenz, sondern genauso um Gedankenkompetenz!

Mit der folgenden Checkliste können Sie überprüfen, ob Sie eine anziehende Ausstrahlung haben:

Der 7-Punkte-Check: Haben Sie eine anziehende Ausstrahlung?

1. Leben Sie Ihr Leben eher als Gestalter oder eher als Opfer? Entscheiden Sie sich und übernehmen Sie die Verantwortung für das, was Sie tun (oder auch lassen).

2. Wie gehen Sie mit Problemen um? Sehen Sie darin nicht nur ein Hindernis, sondern auch einen Hinweis und eine neue Chance, kreativ zu werden.

3. Gehen Sie bewusst und mit Freude durch das Leben? Klären Sie, was Sie loslassen können, um mehr Freude zu haben. Führen Sie ein „Freude-Tagebuch": Notieren Sie jeden Abend eine Kleinigkeit, über die Sie sich am vergangenen Tag gefreut haben.

4. Leben Sie *Ihr* Leben oder werden Sie von anderen gelebt? Beginnen Sie damit, Ihre eigenen Träume wahr werden zu lassen und haben Sie den Mut, dafür unter Umständen auch „merk-würdig" zu erscheinen.

5. Spielen Sie die Hauptrolle in Ihrem Leben? Lassen Sie keine Zweifel zu und bleiben Sie der Boss in Ihrem Kopf. Überprüfen Sie regelmäßig, ob Sie noch auf Kurs sind und Ihren Zielen konsequent näher kommen.

6. Haben Sie Angst zu versagen? Machen Sie sich klar: Sie sind ein Gewinner! Sie selbst können nie versagen, sondern höchstens Ihr Plan.

7. Sind Sie sich dessen bewusst, was Sie denken und was Sie glauben? Geben Sie negativen Gedanken keine Chance; ersetzen Sie sie frühzeitig und verstärken Sie die positiven.

(Löscher/Geisselhart (2009), S. 38)

Im Folgenden erfahren Sie noch detaillierter, in welchen Bereichen Sie ganz gezielt an Ihrer positiven Ausstrahlung arbeiten können.

Tipp 22: Gelassenheit siegt – optimales Selbstcoaching auch für schwierige Zeiten

Um was es geht:

Mehr denn je kommt es darauf an, dass Sie das Vertrauen Ihres Kunden gewinnen und behalten. Das wird Ihnen umso leichter gelingen, je mehr Sie mit sich selbst im Einklang sind und Souveränität ausstrahlen. Wenn Sie außer Ihrer fachlichen Kompetenz auch innere Ruhe und persönliche Integrität vermitteln, steht einem dauerhaft vertrauensvollen Kundenkontakt nichts mehr im Weg.

Inwieweit Sie einen positiven inneren Dialog pflegen, können Sie unter anderem daran ablesen, wie Sie mit sogenannten Problemen oder Fehlern umgehen: Sehen Sie solche Gegebenheiten eher als Missgeschick, das es im beruflichen Kontext unbedingt zu vermeiden gilt? Als Sackgasse, Unglück oder gar Katastrophe? Und sind Sie mit sich selbst deswegen ärgerlich und verurteilen sich? Oder können Sie in Misserfolgen eine Orientierungshilfe sehen, die Sie auf andere Möglichkeiten und Chancen hinweist und zum kreativen Denken herausfordert? Beschreiben Sie das berühmte Glas eher als „halb voll" oder eher als „halb leer"?

Das innere Wechselspiel der ständigen Fragen und Antworten hat einen großen Einfluss auf Ihre Stimmung. Diese Stimmung verursacht in der Folge (oftmals unangenehme) Gefühle, die von außen als Ausstrahlung wahrgenommen werden. Deshalb ist es sehr hilfreich, nicht nur die im Außen stattfindenden Kundengespräche, sondern auch den inneren Dialog mit sich selbst bewusst und positiv zu gestalten.

Eine gute Übung zur Betrachtung des halb vollen Glases ist die bewusste Pflege der eigenen Dankbarkeit. Mit Sicherheit gibt es auch in Ihrem Leben vieles, wofür Sie aus tiefstem Herzen dankbar sind – aber sind Sie sich darüber auch im Klaren? Oft befassen wir uns hauptsächlich mit all den Dingen und Zuständen, die nicht so sind, wie wir sie gerne hätten, und vergessen darüber, was wir schon alles haben …

Anregung:

Nehmen Sie sich in einer ruhigen Minute ein Blatt Papier und notieren Sie spontan, für was in Ihrem Leben Sie eine große Dankbarkeit empfinden. Denken Sie dabei auch an all die vermeintlich selbstverständlichen Dinge, über die wir in unserem Alltag verfügen (und die für viele Menschen überhaupt nicht selbstverständlich sind!): gute und zweckmäßige Kleidung, gesunde Nahrungsmittel, ein festes Dach über dem Kopf, möglicherweise in einem gepflegten Haus in angenehmer Umgebung. Außerdem schöne Erlebnisse in der Natur, wertvolle Bücher, gute Freunde, liebevolle Angehörige. Sie können Dankbarkeit spüren für Ihre Erinnerungen an den letzten Urlaub oder an ein Fest mit lieben Menschen, für das Lachen eines Kindes, die freundliche Verkäuferin in der Bäckerei oder für eine überraschende Einladung ... Wenn Sie möchten, machen Sie diese Übung für eine bestimmte Zeit täglich: Sie können sich beispielsweise morgens beim Aufstehen und Ankleiden oder beim Zähneputzen überlegen, für was Sie jetzt gerade am meisten dankbar sind. Vielleicht kleben Sie sich ein kleines Symbol zur Erinnerung an den Badezimmerspiegel, damit Sie an diese Übung denken. Notieren Sie anschließend die zwei oder drei wichtigsten Punkte auf einer Liste. Sie werden sehen, mit der Zeit wird Ihnen diese Überlegung zu einer lieben Gewohnheit, und auch die täglich wachsende Liste wird Sie kontinuierlich mit tiefer Dankbarkeit erfüllen.

Dankbarkeit ist eine beglückende Erfahrung und gleichzeitig ein Garant für eine anziehende Ausstrahlung. Und wie oft gehen Sie im Alltag fast achtlos an all den Segnungen vorbei, mit denen das Leben Sie beschenkt?! Je klarer Sie sie wahrnehmen und zu schätzen lernen, umso mehr wird sich ein Gefühl von Zufriedenheit und Ruhe in Ihnen ausbreiten. Dieser innere Reichtum wird sich schon bald in Form von Souveränität und Selbstakzeptanz in Ihrer persönlichen Ausstrahlung bemerkbar machen und auch für Ihre Gesprächspartner auf angenehme Weise spürbar werden: Ihre energetische Signatur, die gefühlte Unterschrift wird deutlich gewinnen!

Wer über solche Eigenschaften und Fähigkeiten verfügt, wird bei auftauchenden Hindernissen und Problemen eher dazu neigen, die Blickrichtung konstruktiv nach vorne zu wenden und Wege zu suchen, um aus einer misslichen Situation möglichst schnell wieder herauszukommen. Wer dagegen lieber jammert und sich selbst bedauert, hat den Blick nach rückwärts gerichtet und verpasst es, den vor ihm liegenden Weg aktiv zu gestalten. Letztendlich sind nicht die Verkäufer (bzw. ganz allgemein die Menschen) am erfolgreichsten, die keine Fehler machen, sondern diejenigen, die gelernt haben, mehr Fehler als andere konstruktiv zu verarbeiten und daraus zu lernen.

Ein weiterer wichtiger Aspekt für eine positive und gelassene Ausstrahlung ist die innere Klarheit bezüglich Ihrer Werte:

Anregung:

Welches sind die Werte, die Ihnen ganz allgemein in Ihrem Leben wichtig sind? Freundlichkeit? Toleranz? Mitgefühl? Treue? Integrität? Ehrlichkeit? Klarheit? Notieren Sie mindestens zehn Werte auf einem Blatt Papier und ordnen Sie sie nach ihrer Wichtigkeit. Welche Bedeutung haben diese Werte bislang in Ihrem beruflichen Kontext? In welchen Situationen (privat und vor allem beruflich) können Sie Ihre wichtigsten Werte noch bewusster leben oder gezielter einbringen? Wie würden – möglicherweise – Ihre Kunden darauf reagieren?

Je mehr Sie sich innerlich – bewusst oder unbewusst – mit Ihren Werten verbunden fühlen, umso authentischer wirken Sie auf andere, also auch auf Ihre Kunden. Und die Authentizität ist neben fachlicher Kompetenz, Ehrlichkeit und Anteilnahme der wichtigste Faktor, wenn es darum geht, ob der Kunde Vertrauen zu Ihnen aufbauen kann.

Kurz gefasst:

Das eigene Denken beeinflusst das Fühlen und die innere Stimmung und somit unwillkürlich auch die äußere Ausstrahlung. Darum ist ein konsequentes effektives Selbstcoaching wichtig und hilfreich:

- **Sie achten auf Ihren inneren Dialog und richten sich bei sogenannten Misserfolgen schnell wieder auf die dahinter liegenden Möglichkeiten und Chancen aus,**

- **Sie pflegen die innere Dankbarkeit für die Segnungen in Ihrem Leben, um Ihre Klarheit und Gelassenheit zu stabilisieren und sich immer wieder in eine positive Grundstimmung zu bringen,**

- **Sie sind sich Ihrer Werte bewusst und suchen nach Wegen, sie auch in Ihren beruflichen Kontext einzubringen.**

Tipp 23: Leidenschaft und Begeisterung statt Kampf und Druck

Um was es geht:

Wer unter Druck steht, benötigt einen großen Teil seiner Energie, um diesem Druck überhaupt erst einmal standzuhalten und einigermaßen die Balance zu wahren. Wenn es Ihnen gelingt, diesen Druck in Begeisterung umzuwandeln, wenn für Sie der Sinn Ihrer Tätigkeit glasklar im Vordergrund steht, dann sind Sie auf dem besten Weg zum Erfolg, zum äußeren und inneren Gewinn.

Für jeden Menschen ist es wichtig, in dem, was er beruflich tut, einen gewissen Sinn zu erkennen. Wir sind alle permanent auf der Suche nach dem „guten Gefühl", auch und vielleicht sogar besonders in Krisenzeiten; da bekommt die Frage nach dem Sinn oft noch eine besondere Bedeutung. Gleichzeitig gilt es, im Wettbewerb um Kunden und Verkaufszahlen am Ball zu bleiben und sich nicht entmutigen zu lassen.

Hier gibt es ein einfaches Prinzip – das dennoch nicht leicht zu beherzigen ist: Das, worauf wir unsere Aufmerksamkeit lenken, erhält im Bewusstsein eine entsprechend hohe Bedeutung, und das, was wir weniger oder nicht beachten, verliert an Gewicht. Kurz: Beachtung schafft Verstärkung, Nichtbeachtung schafft Befreiung. Je eher es Ihnen also gelingt, sich in Ihren Gedanken gezielt mit positiven Bildern und Ereignissen zu befassen (statt dem einen oder anderen momentanen Misserfolg nachzuhängen und hier kostbare Energie zu verschwenden), umso mehr können Sie auf Ihre Potenziale zurückgreifen und voller Energie den nächsten notwendigen Schritt unternehmen.

Anregung:

Nehmen Sie sich ein Blatt Papier und notieren Sie darauf mindestens drei Situationen, in denen Sie einen großen Erfolg für sich verbuchen konnten. Erinnern Sie sich so genau wie möglich:

● Was haben Sie in der jeweiligen Situation 1. gesehen? 2. gehört? 3. zu sich selber gesagt? 4. innerlich empfunden?

● Welche Entscheidungs- und Vorbereitungsschritte haben Sie im Vorfeld unternommen, um diesen Erfolg anzusteuern?

- Und schließlich: welche Ihrer Potenziale haben Sie für diesen Erfolg eingesetzt?

Tauchen Sie wieder in das Erfolgserlebnis ein, so als ob es gerade jetzt geschieht. Lassen Sie sich noch einmal vom damaligen Glücksgefühl erfassen und versuchen Sie dieses noch einige Zeit festzuhalten und vielleicht mit Hilfe eines bestimmten Symbols (Bild, Geruch, Klang) dauerhaft abzuspeichern.

Solche Erinnerungen können Sie in Zukunft als Motivatoren nutzen. Je genauer Sie die Einzelheiten erinnern und festhalten, umso klarer wird das Bild wieder vor Ihren Augen auftauchen und mit ihm die guten Gefühle aus dieser damaligen Situation. So erhalten und pflegen Sie Ihre Begeisterung für Ihre Tätigkeit; gleichzeitig wird Ihr Durchhaltevermögen gestärkt, für den Fall, dass auf dem Weg zu Ihrem Ziel das eine oder andere Hindernis auftauchen sollte. Die Beschäftigung mit positiven inneren Bildern hat darüber hinaus unmittelbaren (und nachhaltigen) Einfluss auf Ihr Energieniveau und auf Ihre energetische Signatur.

Um an dieser Stelle Missverständnisse auszuschließen: Natürlich sollen Sie Misserfolge nicht verdrängen oder so tun, als hätten sie nicht stattgefunden. Aus weniger gut gelungenen Situationen und Aktionen lässt sich immer auch etwas lernen. Doch dafür ist es notwendig, dass Sie mit wohlwollendem und konstruktivem Blick darauf schauen und nicht mit sich selbst wie ein Scharfrichter allzu hart ins Gericht gehen.

Wenn Sie Ihre Arbeit also mit Begeisterung, Leidenschaft und Engagement ausführen möchten, ist es auch hilfreich zu wissen, welche Faktoren zu Ihrer inneren Motivation beitragen und welche Faktoren sie gegebenenfalls auch einschränken.

Checkliste Motivationsfaktoren: Fragen Sie sich selbst:

- Arbeiten Sie lieber alleine oder lieber im Team?
- Wie stark lassen Sie sich durch eigene Erfolge motivieren?
- Wie wichtig ist Ihnen Lob und Anerkennung durch Vorgesetzte? Durch Kollegen?
- Welchen Stellenwert hat für Sie der Sinn Ihrer Tätigkeit?
- Haben Sie den Wunsch, der Erste, der Beste in Ihrer Kategorie zu sein?

- Brauchen Sie kurzfristige Erfolgserlebnisse oder können Sie auch ein Projekt mit langem Atem durchführen?

- Sehen Sie Schwierigkeiten, Nachteile, Zweifel oder ähnliche Hindernisse grundsätzlich eher als Chancen oder eher als Misserfolge an?

- Lassen Sie sich auch durch Erfolge anderer motivieren? Oder eher durch deren Misserfolge?

- Haben Sie eine Zukunftsperspektive, ein Ziel oder eine Vision, die Sie antreibt? Wo wollen Sie hin, was wollen Sie erreichen?

Dieser Fragenkatalog lässt sich sicher noch ergänzen; wichtig ist an dieser Stelle, dass Sie Klarheit darüber gewinnen, welche Aspekte Sie im Einzelnen motivieren. Jeder Mensch hat seine individuellen Motivatoren. Wenn Sie diese kennen und in Ihrem Arbeitsumfeld gezielt realisieren und bewusst praktizieren, wird automatisch Ihre Gesamtmotivation gestärkt. Und je stärker und tragfähiger Ihre Motivation ist, umso weniger sind Sie anfällig für Druck und Stress und umso eher können Sie Ihre Arbeit voller Energie und Leichtigkeit in Angriff nehmen.

Kurz gefasst:

Schaffen und pflegen Sie Begeisterung und Leidenschaft, indem Sie auf Ihre bisherigen Erfolge aufbauen:

- **Erinnern Sie sich an die guten Gefühle aus früheren besonderen Erfolgen.**

- **Erkennen Sie Ihre wichtigsten Motivatoren, Stärken und Talente, die zu diesen Erfolgen geführt haben.**

- **Machen Sie sich bewusst, was Sie motiviert, und pflegen Sie diese Aspekte in Ihrem beruflichen Alltag.**

- **Ersetzen Sie dauerhaft Kampf und Druck durch Hingabe und Leidenschaft.**

Tipp 24: Erst gewinnen – dann beginnen

Um was es geht:

Eine klare Zieldefinition erleichtert vieles: Wer sein Ziel kennt, wird seinen Blick automatisch schärfen für die vielen Möglichkeiten, die ihn auf dem Weg dorthin unterstützen. Die Motivation, ins Handeln zu kommen, wird deutlich höher und jedes erreichte Teilziel stärkt das Selbstvertrauen. Nutzen Sie hierbei Ihren gesamten Gestaltungsspielraum! Wenn Sie etwas anderes als bisher, etwas Neues erreichen wollen, brauchen Sie auch ein neues Denken und neue Wege, auf denen Sie an Ihr Ziel gelangen.

Nur wer sich klare Ziele setzt, kann sie auch erreichen bzw. den Weg dorthin konstruktiv gestalten. Ein brennendes Bedürfnis allein reicht meist nicht aus, um tatsächlich ans Ziel zu gelangen, wenn nicht gleichzeitig eine gute Strategie dahinter steht.

Ein klares Ziel erkennen Sie daran, dass die folgenden Kriterien erfüllt sind.

1. Das Ziel ist so spezifisch und konkret wie möglich definiert bezüglich Termin oder Zeitpunkt, Ort, Menge, Art und Weise u. a. m.; wichtig dabei ist auch, dass Sie das Ziel positiv formulieren.

2. Das Ziel ist messbar; das heißt, Sie erkennen oder wissen genau, wann Sie es erreicht haben. Malen Sie sich vor Ihrem inneren Auge aus, was genau Sie dann sehen, hören oder auch fühlen werden!

3. Es gibt definierte Zwischenziele, anhand derer Sie feststellen, ob Sie auf dem Weg zu Ihrem Ziel vorankommen; diese gilt es regelmäßig zu überprüfen, damit Sie, falls nötig, Ihre Strategie anpassen oder nachbessern können.

4. Sie können Ihr Ziel aus eigener Kraft, mithilfe Ihrer eigenen Ressourcen erreichen und sind unabhängig von anderen Menschen oder äußeren Gegebenheiten.
   (Falls dem nicht so ist: Sie wissen welche notwendigen Fremd-Ressourcen Sie sich wann, wo und zu welchem Preis beschaffen können.)

5. Das Ziel ist *wirklich* erstrebenswert, und Sie haben das brennende Bedürfnis, es tatsächlich zu erreichen.

6. Die ökologische Bilanz ist stimmig, das heißt, Sie überlegen sich die – möglicherweise auch negativen – Konsequenzen aus allen Lebensbereichen (Familie, Freizeit, Freunde) und beziehen die Risiken mit ein. Wie hoch wird der Preis dafür sein, dass Sie Ihr Ziel erreichen? Ist das Ziel diesen Preis tatsächlich wert und sind Sie bereit, ihn zu bezahlen?

Möglicherweise ist es für Sie auch sinnvoll, die eventuell auftretenden Risiken vorher ganz genau für sich zu klären. Sie werden Krisen nicht verhindern können, aber Sie können sich auf den Umgang damit vorbereiten. Was brauchen Sie, damit Sie sich sicher fühlen und in aller Ruhe beispielsweise ein neues Konzept ausprobieren können, um ein höheres Ziel zu erreichen?

In diesem Kontext empfehlen wir eine sogenannte nützliche Risikofrage: „Wenn dieses spezifische Risiko eintreten sollte, kann ich dann in Frieden damit leben?" Ist Ihre Antwort *Ja*, dann gehen Sie das Risiko ruhig ein (im Bewusstsein Ihrer Ressourcen, die es Ihnen ermöglichen werden, damit im Frieden zu bleiben); lautet die Antwort *Nein*, dann überlegen Sie sich lieber eine andere Alternative …

Natürlich gibt es letztendlich in keiner Situation oder Frage die absolute Sicherheit – jeder von uns kann theoretisch heute noch sterben. Aber es existiert immer ein subjektives Gefühl von Sicherheit und das Bestreben, genau dafür zu sorgen. Dieses Bedürfnis sollten Sie ernst nehmen: Für den einen besteht diese innere Sicherheit darin zu wissen, dass er drei Monatsgehälter auf der hohen Kante hat und nicht mit plötzlicher Verarmung rechnen muss, wenn etwas nicht klappt wie geplant. Für den anderen ist es beruhigend, dass die Familie und die Freunde zu ihm stehen, egal was geschehen wird. Finden Sie für sich heraus, was Sie brauchen, damit Sie in Ruhe auf Ihr Ziel lossteuern können.

Ein Beispiel:

Auf einer Mitarbeiterschulung einer großen Versicherung formulierte Herr W. sein Ziel folgendermaßen: „Ich werde die Zahl meiner Neukunden-Verträge bis zum 31.12. dieses Jahres im Vergleich zum Vorjahr um 20 Prozent steigern. Dafür stelle ich meine bisherige Strategie um und werde die Anzahl meiner vorqualifizierten Kundentermine um 40 Prozent erhöhen. Das wird mich etwa vier Stunden Mehrarbeit pro Woche kosten – das bin ich bereit zu investieren. Ich werde meine Zahlen monatlich überprüfen und gegebenenfalls meine Strategie anpassen. Wenn ich mein Ziel erreiche, bekomme ich den Bonus XY – und damit kann ich mir und meiner Familie einen zweiten Jahresurlaub finanzieren."

Beziehen Sie schon bei Ihrer Zieldefinition auch Ihre Vorstellungskraft und Ihre Sinne mit ein: Was werden Sie sehen oder hören in dem Moment, wo Sie Ihr Ziel erreicht haben? Wie wird es sich anfühlen? Wie wird dieser Erfolg Ihnen „schmecken"? Wo werden Sie sich in diesem Moment aufhalten, wer wird dann bei Ihnen sein? Was werden Sie dann (von anderen) hören, was selber sagen? Zu wem? Nehmen Sie auf diese Weise Ihr Ziel schon vorab voll und ganz in Besitz und malen Sie sich in allen Details aus, wie es sein wird, wenn Sie es erreicht haben: „erst gewinnen – dann beginnen!"

Je öfter und je genauer Sie sich dieses innere Fantasiebild in allen Details ausmalen, umso klarer wird auch Ihrem Unterbewusstsein (das ja als Ihr innerer Assistent und Helfer fungiert) die Richtung sein, in die es gehen soll, und umso mehr (teils vielleicht überraschende) Hinweise und hilfreiche Situationen („Zu-Fälle") wird es Ihnen liefern. Außerdem stärken Sie mit einer anziehenden Zielvorstellung automatisch auch Ihre Motivation. Und jedes erreichte Etappenziel ist ein Erfolg, der Ihrem Selbstbewusstsein gut tut.

Ein weiterer wichtiger Aspekt in diesem Zusammenhang ist die Einsicht, dass es für neue Ziele auch neue Wege braucht. Sie wissen ja selbst: „Wenn Sie weiterhin tun, was Sie immer getan haben, werden Sie auch weiterhin bekommen, was Sie schon immer bekommen haben."

Das bedeutet umgekehrt: Sie haben hier eine Wahlfreiheit, das heißt, wenn Sie etwas anderes, etwas Neues erreichen wollen, brauchen Sie nur etwas anderes zu tun – und für ein neues Tun braucht es zunächst ein neues Denken. Indem Sie Ihre Aufmerksamkeit anders als bisher ausrichten, werden sich Ihnen neue Wege auftun und Ihr Handlungsspielraum wird sich erweitern.

Eine einfache Möglichkeit, diesen Aspekt der eigenen Gestaltungsmöglichkeiten im Auge zu behalten, ist der folgende 5-Finger-Erfolgs-Check. Er lässt sich im Alltag wie ein kleines Ritual praktizieren, zum Beispiel vor dem Einschlafen, und sorgt mit der Zeit wie von selbst für die innere Ausrichtung als bewusster Gestalter:

Anregung:

Gehen Sie jeden Abend anhand Ihrer fünf Finger die folgenden Fragen durch und orientieren Sie sich dabei an den Anfangsbuchstaben:

Daumen =   **D**enkergebnisse: Was habe ich heute gelernt, erkannt oder erfahren? Welche neuen Erkenntnisse habe ich gewonnen?

Zeigefinger =	**Z**iele: Bin ich heute meinem Ziel einen Schritt näher gekommen? (Oder auch: welchem meiner Ziele bin ich heute am ehesten einen Schritt näher gekommen?) Was habe ich dafür getan?
Mittelfinger =	**m**entales Befinden: Wie war ich heute „drauf", wie war meine Stimmung? Konnte ich mich gegebenenfalls aus einem Stimmungstief befreien und in einen positiven mentalen Zustand bringen? Wie habe ich das geschafft?
Ringfinger =	**R**atgeber: Wem konnte ich heute ein guter, wertvoller Ratgeber sein? Womit oder wodurch konnte ich anderen helfen?
kleiner Finger =	**K**örper: Wie ging es heute meinem Körper? Was habe ich heute für ihn, das heißt für meine Gesundheit und mein Wohlbefinden getan? Habe ich auf gesunde Ernährung und genügend Bewegung geachtet?

(nach: Seiwert-Tipp No. 24/06–2005, newsletter@bumerang-prinzip.de)

Sie haben die Freiheit, zu entscheiden und zu gestalten, und gleichzeitig auch die Verantwortung, diese Freiheit zu nutzen. Diese beiden Aspekte (Freiheit und Verantwortung) sind untrennbar miteinander verbunden. Das heißt, Sie haben die Wahl:

• Sie können zum Beispiel einen Misserfolg als Opfer erleiden – oder Sie betrachten ihn als Chance, etwas daraus zu lernen. (Übrigens: Die Chinesen benutzen ein und dasselbe Schriftzeichen für die Begriffe Krise und Chance!)

• Sie können einen Tag nach dem anderen in Ihrer Routine erstarren – oder Sie verlassen die eingetretenen Pfade, fassen ein neues erstrebenswertes Ziel ins Auge und verfolgen es Schritt für Schritt.

• Sie können Ihren trüben Gedanken nachhängen – oder Sie trainieren Ihre Gedankenkompetenz und bauen sich mit positiven Vorstellungen und Bildern selbst wieder auf.

• Sie können sich auf Ihren Kenntnissen und Fähigkeiten ausruhen – oder Sie pflegen die innere Einstellung, dass Sie anderen Menschen (und vor allem Ihren Kunden) damit etwas Gutes tun können, indem Sie Ihr Wissen gerne (mit)teilen.

- Sie können Ihren Organismus strapazieren (zum Beispiel durch zu wenig Bewegung, schlechtes Essen, Alkohol oder Zigaretten und permanentes Schlafdefizit) – oder Sie sorgen rechtzeitig für den nötigen Ausgleich und die Erholungsfaktoren; das wird sich wiederum unmittelbar positiv auf Ihre geistige und seelische Stimmung, Ihre Leistungsfähigkeit und damit auf Ihre positive Ausstrahlung auswirken.

Körper und Geist sind eng miteinander verbunden und beeinflussen sich gegenseitig ähnlich wie Pferd und Reiter: Wenn das Pferd (der Körper) nicht gut gepflegt wird und der Reiter (der Geist) es nicht liebevoll, aber gleichzeitig diszipliniert und konsequent führt, wird es unruhig und der Reiter (der Geist) hat es schwer mit ihm. Umgekehrt gilt genauso: wenn der Reiter (der Geist) unruhig ist und nicht genau weiß, was er will, spürt das auch das Pferd (der Körper) und reagiert mit Nervosität und Unwohlsein.

Diesen Einfluss auf Ihre körperliche, geistige und seelische Befindlichkeit haben nur Sie allein – Sie haben die Freiheit und gleichzeitig die Verantwortung, hier zu gestalten. Und es sind meist nicht die großen Ereignisse, sondern die kleinen konsequenten Schritte, die eine dauerhafte Veränderung bewirken. Wenn Sie ein neues Verhalten (wie dieses kleine 5-Finger-Ritual) 21 Tage hintereinander praktizieren, wird es zur Gewohnheit. Und nützliche Gewohnheiten sind um ein Vielfaches effektiver als die bekannten guten Vorsätze: Sie tragen nachhaltig bei zu Ihrer inneren Zufriedenheit, zu Ihrem Lebensglück und damit zu Ihrem Lebensschicksal.

Kurz gefasst:

Eine klare, konkrete und möglichst spezifische Definition Ihrer Ziele ist die beste Voraussetzung dafür, dass Sie sich dafür auf den Weg machen und auch dort ankommen. Und je gründlicher Sie sich Ihre Ziele vorstellen, ausmalen und vorab fühlen, umso mehr positive Unterstützung wird Ihnen auf dem Weg dorthin „zu-fallen". Werden oder bleiben Sie dabei der aktive Gestalter in Ihrem Leben: Nehmen Sie die sich bietenden Möglichkeiten wahr und bauen Sie Ihre positiven Gewohnheiten aus.

Berechnen Sie Ihre Ziele wie die Profis

Im Grunde ist der folgende Gedanke ja recht banal: Je mehr Kundentermine Sie vereinbaren und je mehr Beratungsgespräche Sie führen, desto mehr Verkaufsabschlüsse werden Sie erzielen. Verdoppeln Sie Ihre Chancen, und Ihr Erfolg wird sich ebenso verdoppeln ...

Allerdings werden Sie bei diesem Vorgehen erfahrungsgemäß im gleichen Maß auch mehr Gespräche führen müssen, die zu keinem Verkaufsabschluss führen. Ähnlich wie bei der bereits oben erwähnten Orangensaft-Maschine: Wenn ich mehr Saft möchte, muss ich einfach oben mehr Orangen hineingeben – und dann allerdings auch darauf gefasst sein, dass ich anschließend mehr Schalen entsorgen muss.

Auch wenn Ihnen dieses Prinzip klar ist, möchten wir Sie einladen, dieses Kapitel aufmerksam zu lesen: Es gibt durchaus Wege und Möglichkeiten, wie Sie Ihre Abschlüsse und Umsätze beispielsweise um zehn bis zwanzig Prozent steigern können, ohne dass Sie deshalb linear gesehen zwanzig Prozent mehr arbeiten müssten. Und wenn Sie schon zahlenmäßig mehr Kunden kontaktieren möchten (was sicherlich in Krisenzeiten sinnvoll, oft sogar notwendig ist), zeigen wir Ihnen, wie Sie hier effektiv vorgehen und mehr (und/oder höhere) Abschlüsse erzielen können.

Gleichzeitig möchten wir Ihnen empfehlen, sich an dieser Stelle auch das Kapitel 4 im ersten Teil des Buches genauer anzusehen („Nutzen Sie die Zielplanungsstrategien ...") und für sich selbst einmal durchzugehen. Das hier beschriebene Vorgehen hat sich schon hundertfach bewährt! Wahrscheinlich wird es Ihnen auf Anhieb etwas mühsam oder umständlich vorkommen, sich wirklich die Zeit zu nehmen um all diese Details aufzuschreiben und Ihr Ziel tatsächlich auszurechnen.

Aber wenn Sie dann das Ergebnis vor sich sehen, werden Sie erkennen, dass sich die Mühe gelohnt hat: Der Sinn und der Nutzen dieses Vorgehens liegt darin, dass Sie Klarheit darüber gewinnen, welche zeitlichen Ressourcen für bestimmte Vorhaben und Ziele definitiv notwendig sind bzw. welche Zeitspannen zu knapp sind oder – im Gegenteil – an manchen Stellen vielleicht sogar ungenutzt bleiben. Das bedeutet, Sie erhalten einen klaren Überblick, und es wird für Sie befreiend sein zu sehen, was Sie tatsächlich und objektiv gerechnet in einer gewissen Zeit erreichen können und was jenseits davon eine Illusion ist und bleiben wird.

Als wir vor einiger Zeit eine solche Zielklärung in einem Unternehmen zusammen mit den Verkäufern und Vertriebsleitern durchführten, hatte einer der Verkäufer nach der Berechnung seiner Jahresziele noch vier Monate Zeit übrig, ein anderer hatte sich in seinem strukturschwachen Gebiet zu viel vorgenommen und hätte dafür ein Zeitvolumen von 14 Monaten benötigt. In beiden Fällen konnte die Planung rechtzeitig korrigiert und den tatsächlichen Gegebenheiten und realisierbaren Zielen angepasst bzw. um ein weiteres sinnvolles Ziel ergänzt werden.

Eine klare Definition Ihrer (Jahres-)Ziele und der auf einer gründlichen Berechnung basierende Abgleich der dafür benötigten und vorhandenen Zeitkontingente ist der erste und wichtigste Schritt zur Steigerung Ihrer Verkaufserfolge.

Tipp 25: Erhöhen Sie Ihre Schlagzahl und/oder steigern Sie die Angebotssumme

Um was es geht:

Um einen höheren Umsatz zu generieren, ist der erste Weg, den man einschlägt, meist der, mehr Kunden anzusprechen als zuvor. Hier kommt es in der Krise wesentlich darauf an, kreative Kundengewinnungsstrategien zu entwickeln und zu pflegen, um sich von der Konkurrenz abzuheben.

Eine weitere (zusätzlich oder alternativ realisierbare) Möglichkeit zur Umsatzsteigerung ist es, an die einzelnen Kunden mehr zu verkaufen als ursprünglich geplant, also wo immer möglich die Angebots- und Auftragssumme zu erhöhen.

Rein zahlenmäßig ist das logisch: Je mehr Kundengespräche Sie führen, umso höher ist Ihre Chance, aus diesen Gesprächen auch mehr Verkaufsabschlüsse zu generieren.

Ein Beispiel (wenig originell, aber immer noch wirkungsvoll):

Ein Bekleidungsgeschäft schrieb an einem Samstag eine kleine Tombola aus; die Gewinne bestanden aus kleinen Sachpreisen und Einkaufsgutscheinen in unterschiedlicher Höhe. Es kamen deutlich mehr

Kunden in den Laden als an einem gewöhnlichen Samstag; die meisten beteiligten sich an der Verlosung. Wer seinen Gutschein nicht sofort einlöste, kam an einem der Folgetage wieder, und in den meisten Fällen überstieg der tatsächlich ausgegebene Betrag den Wert des Gutscheins bei weitem.

Aus dieser Aktion resultierten mehrere Vorteile:

● Die Zahl der Kunden erhöhte sich signifikant, und unter den Besuchern waren viele Neukunden.

● Der Umsatz überstieg – selbst nach Abzug der Gutscheine – den eines normalen Samstags deutlich.

● Die Kunden wurden motiviert, wieder in diesen Laden zu kommen, um ihre Gutscheine in aller Ruhe einzulösen.

Wichtig ist es, bei solchen Kundengewinnungsaktionen genau abzuwägen, in welchem Verhältnis der Aufwand zum Nutzen steht: Auf welche Weise kann ich in meinem Metier am besten neue Kunden ansprechen? Welche Aktivitäten sind mit welchem Aufwand verbunden? Ist das eine Maßnahme, die eher gleich kurzfristig greift oder doch erst auf lange Sicht?

Anregung:

Nehmen Sie sich die Zeit und prüfen Sie, auf welchen Wegen Sie neue Kunden gewinnen können. Notieren Sie Ihre herkömmlichen Strategien und probieren Sie auch Neues aus. Vielleicht sind Ihnen dabei die folgenden Fragen hilfreich:

● Nutzen Sie „merk-würdige" Mailings oder schalten Sie aussagekräftige Inserate?

● Rufen Sie potenzielle Neukunden persönlich an?

● Halten Sie Vorträge oder stellen Sie auf Messen aus?

● Wecken Sie Interesse mit Ihrer Homepage?

● Nutzen Sie das Internet als Sog-Marketing-Instrument?

● Wissen Sie, wie Ihre Mitbewerber vorgehen? Könnten Sie da etwas für sich abschauen?

● Welche erfolgreichen Wege oder Methoden nutzen die Top-Unternehmen anderer Branchen?

Achten Sie darauf, dass Sie immer wieder überprüfen, wie effektiv Ihr Vorgehen tatsächlich ist und ob der Nutzen kurz-, mittel- oder langfristig auch tatsächlich erkennbar wird. Denn Sie bewirken zu wenig, wenn Sie sich daran machen, ab sofort doppelt so viele potenzielle Kunden anzusprechen, und von diesen dann nur ein Bruchteil tatsächlich bis zum Kaufabschluss gelangt.

Wenn Sie nun einen Kunden vor sich haben, der Ihr Produkt A oder Ihre Dienstleistung B erwerben möchte, versetzen Sie sich in ihn hinein: was könnte für ihn ein attraktives Add-on dazu sein? Oder – ganz kühn gedacht – falls es mit dem Abschluss bezüglich dieses Angebots etwas zögerlich vorangeht, vielleicht können Sie ihm eine Alternative anbieten?

Ein Beispiel:

Die Supermarktkette REAL („Einmal hin – alles drin") nutzt ein ähnliches Prinzip in ihren Radiospots: Zunächst wird eine bestimmte Aktionsware beworben, beispielsweise Regenschirme. Und zum Schluss heißt es dann (sinngemäß): „Und wenn Ihnen das Regenwetter hier auf die Nerven geht: Wir haben auch Reiseführer!"

Mit diesem Vorgehen wird völlig unerwartet die Perspektive erweitert: Zunächst ist der Hörer auf den Regenschirm und die dazugehörigen Assoziationen konzentriert, und plötzlich kommt ganz überraschend noch die Idee des Reisens mit ins Spiel.

Überraschen auch Sie Ihre Kunden! Überlegen Sie sich, wie Sie das jeweilige Angebot erweitern und so möglicherweise die Angebotssumme erhöhen (oder das Vertrauen des Kunden festigen) können:

● Verkaufen Sie zu den Laufschuhen die farblich passenden Sportsocken oder eine praktische Gürteltasche.

● Bieten Sie Ihrem Kunden zusätzlich zu der Maschine den notwendigen Servicevertrag an.

● Oder machen Sie es wie der Fliesenleger, der nach jedem Auftragsabschluss (auf eigene Kosten!) eine Putzfrau kommen lässt, die die Räume des Kunden wieder tiptop sauber macht – es leuchtet sofort ein, dass dieser Service als überraschender Zusatznutzen gut ankommt und Folgeaufträge nach sich zieht!

Werden Sie erfinderisch! Wenn Ihr Kunde spürt, dass Sie sich in ihn hineinversetzen und seine Bedürfnisse verstehen, wird er sich gut fühlen;

sein Vertrauen zu Ihnen wird wachsen, und Ihre Chancen auf höhere oder häufigere Verkaufsabschlüsse steigen.

Kurz gefasst:

Um mehr Abschlüsse zu erzielen, kontaktieren Sie mehr Kunden: Intensivieren Sie alte und bewährte Methoden, seien Sie kreativ und probieren Sie auch neue aus und behalten Sie bei all dem die Rentabilität Ihres Vorgehens im Auge.

Gleichzeitig lassen sich auch schon mit Ihrem aktuellen Kundenstamm höhere Ergebnisse erzielen, wenn Sie Ihre Kreativität einsetzen und es Ihnen gelingt, die Angebots- und Abschluss-Summe im Einzelfall zu erhöhen.

Tipp 26: Generieren Sie mehr heiße Chancen

Um was es geht:

Noch wichtiger als mehr kalte Termine zu generieren ist es, mehr heiße Chancen zu erarbeiten. Um nun aus einer Chance (nämlich der, dass der Kunde Ihr Angebot möglicherweise annimmt) eine heiße Chance zu machen (er sagt mit einer Wahrscheinlichkeit von über 70 Prozent Ja), braucht es oft nicht mehr viel.

Hier ein paar Anregungen dazu: Zwischen der Erstellung eines Angebots und der Zusage des potenziellen Kunden vergeht oft eine gewisse Zeit, die Sie konstruktiv nutzen können! Sicher kennen Sie die folgende Situation: Sie haben mit einigen Kunden Verkaufs- und Beratungsgespräche geführt und ihnen anschließend die detailliert ausgearbeiteten Angebote unterbreitet. Bislang haben erst zwei von zehn Kunden zugesagt, und Sie sind sich ziemlich sicher, dass sich von den restlichen acht noch mindestens vier ebenfalls für Ihr Produkt oder Ihre Dienstleistung entscheiden werden.

● Machen Sie sich bewusst, dass Sie – wenn Sie an diesem Punkt stehen – aus Verkaufsgesprächen bereits Umsatzchancen generiert haben.

● Wissen Sie nun, wie Sie ganz elegant aus diesen Chancen auch heiße Chancen machen können?

- Und wie Sie selbst dann, wenn Ihr Kunde sich gegen Ihr Angebot entscheidet, einen bleibenden Eindruck hinterlassen können?

Natürlich möchten Sie den Abschluss gerne voranbringen; gleichzeitig wissen Sie, dass Kunden – vor allem in schweren Zeiten – jegliche Sofortentscheidung lieber vermeiden. Der Entschluss zum Kauf fällt vor allem in umkämpften Branchen wie beispielsweise der Automobil- oder Finanzbranche meist zwischen zwei Beratungsterminen. Es gilt also, höflich, aber konsequent am Ball zu bleiben.

> **Anregung:**
>
> Hier hat sich der 3-Minuten-Klärungsanruf bewährt. Er benötigt, wie der Name schon sagt, kaum mehr als drei Minuten Zeit, kann aber für den Geschäftsabschluss entscheidend sein: Rufen Sie Ihren Kunden an und fragen Sie ihn, ob er vor dem nächsten Treffen noch weitere Informationen benötigt. Wenn Sie wollen, fragen Sie ihn auch, wo er bezüglich seiner Kaufentscheidung steht und was er braucht oder was noch geschehen müsste, damit Ihr Angebot noch attraktiver für ihn würde.

Auf diese Weise gelingt es Ihnen herauszufinden, inwieweit sich Ihr Kunde schon entschieden hat oder nicht, und ihm gleichzeitig Ihr respektvolles Interesse für sein Zögern oder seine Zweifel zu signalisieren. Für seine Noch-nicht-Entscheidung gibt es mit Sicherheit einen plausiblen Grund, und je mehr Sie Ihr Verständnis zeigen und sich der Kunde damit angenommen fühlt, umso eher wächst in seinen Augen Ihre Kompetenz; er wird Ihnen zunehmend vertrauen und letztendlich auf Ihren Rat hören.

Und selbst falls der Kaufabschluss dann doch nicht zustande kommen sollte, können Sie die Situation immer noch für sich nutzen: Fragen Sie höflich und selbstbewusst nach,

- warum er sich nicht für Ihr Angebot entscheiden konnte,
- was Sie hätten Anderes oder Zusätzliches tun können
- und wann Sie Ihren Kunden wieder kontaktieren dürfen.

> **Kurz gefasst:**
>
> **Die Zeitspanne nach der Abgabe Ihres Angebots ist eine wichtige Phase, die nicht verschlafen werden sollte. Bleiben Sie respektvoll-höflich am Ball und sichern Sie sich den Einfluss auf die Entscheidung Ihres Kunden. Machen Sie ganz gezielt aus Ihren Angeboten heiße Chancen!**

Tipp 27: Optimieren Sie Ihre Abschlussquoten

Um was es geht:

Natürlich würden Sie gerne nach zehn Kundengesprächen zehn Angebote schreiben und daraus zehn Abschlüsse generieren. Aber das ist leider nicht die Realität. Meist stehen die abgegebenen Angebote und schließlich die tatsächlich getätigten Kaufabschlüsse in einem eher ungünstigen Verhältnis zur Anzahl der vorangegangenen Kundengespräche. Prüfen Sie für sich, welche Relation Sie erreichen möchten und mit welchen Maßnahmen es möglich wäre, die Abschlussquote kurz-, mittel- oder langfristig signifikant zu erhöhen.

Wie solche Maßnahmen im Einzelnen aussehen können, mag sehr unterschiedlich sein: Ein Verkäufer im Schuhgeschäft hat hier sicherlich andere Strategien als ein Finanzexperte oder ein Anbieter von Seminaren und Trainings. Manchmal ist es schon hilfreich, seine Akquisestrategie kreativ und effektiv auszurichten:

Eine wichtige Marketingfrage: Wo treffe ich meine Wunschzielgruppe?

Ein Beispiel:

Nach Genehmigung durch die Flughafenleitung stand Herr E., ein erfolgreicher Finanzberater, zwei Mal im Monat an einem Montag von 5.30 Uhr bis 12.00 Uhr am Airport hinter den Sicherheitsschleusen, gleich neben den hübschen Mädchen mit ihren Kreditkartenangeboten. Im Business-Dress empfing er die unzähligen Geschäftsleute, um mit ihnen ins Gespräch zu kommen. Innerhalb weniger Sekunden erkannte er, ob es zu einem Gespräch kommen würde. Und wenn es dazu kam, dann erfuhr er in einer weiteren Minute, ob es einen ersten Kundentermin geben würde und wie nützlich dieser für beide sein könnte. „Quantität und Qualität der Kontakte sind ausgezeichnet. Ich gewinne aus einhundert Kontakten fünfzig qualifizierte Gespräche und daraus zwanzig neue Kunden mit hohen Vertragssummen", so sein Resümee.

(nach: Löscher/Geisselhart (2009), S. 153f.)

Diese Abschlussquote 100 Kontakte – 50 Gespräche – 20 Abschlüsse, verbunden mit dem dafür nötigen Zeitaufwand, ist ganz offensichtlich ein gutes und zufrieden stellendes Ergebnis für diesen Berater. Welches Ziel streben Sie für sich an?

Kurz gefasst:

Behalten Sie Ihre Zahlen im Auge und überprüfen Sie von Zeit zu Zeit, ob die Relation zwischen der Zahl der Kundengespräche und den tatsächlichen Verkaufsabschlüssen noch stimmt. Falls nicht: Optimieren Sie dieses Verhältnis konsequent!

Kunden gewinnen

Gerade in schwierigen Zeiten ist es wichtiger denn je, achtsam mit den Ressourcen Zeit und Energie umzugehen, sowohl mit Ihren eigenen als auch mit denen der Kunden. Das heißt, es kommt nicht nur darauf an, die Anzahl der Kundentermine zu steigern, sondern ganz besonders auch darauf, die Qualität der einzelnen Termine zu erhöhen.

Dazu ist es im Vorfeld hilfreich, sich die folgenden Fragen zu stellen:

● Wann lohnt es sich, einen Kunden aufzusuchen?

● Ist es besser, dieselben Kunden mehrfach zu kontaktieren, oder wären stattdessen mehr Neukundengespräche langfristig effizienter?

● Wie merkt man schnell und früh genug, ob ein Kunde wirklich interessiert ist, ob er tatsächlich einen Bedarf hat und auch über das notwendige Budget verfügt, oder ob man letztendlich mit ihm nur seine Zeit verschwendet?

● Wie kommt man leicht und ohne allzu großen Aufwand an genügend qualifizierte Neukundentermine?

Und nicht nur die neuen Kunden bzw. all die, die es noch werden sollen, stehen im Blickpunkt, auch die Schatzkiste der Bestandskunden spielt eine wichtige Rolle, wenn es um stabile oder gar wachsende Umsätze gehen soll:

● Wer sind Ihre Multiplikatoren?

● Kennen Sie Ihre VIP- und A-Kunden?

● Wissen Sie noch, wie Sie diese gefunden haben? Oder wie Ihre Kunden zu Ihnen kamen?

● Und was können Sie aus diesen früheren Erfahrungen für Ihr heutiges Vorgehen lernen?

Solche und ähnliche Fragen gilt es zu stellen, um herauszufinden, wie Sie nun bezüglich Ihrer Kundentermine schon im Vorfeld effektiv vorgehen und kluge Entscheidungen treffen können. Dazu wollen wir Ihnen im Folgenden einige Anregungen geben. Natürlich ist es in vielen Fällen eine Frage Ihrer eigenen Erfahrungen, Ihrer Intuition und letztendlich Ihres

Fingerspitzengefühls – und gleichzeitig gibt es eine Reihe von Punkten, die zu beachten sich für Sie auszahlen wird.

Tipp 28: Modelling: Kopieren Sie erfolgreiche Wege zu Ihren Bestandskunden

Um was es geht:

Viele Verkäufer machen in der Krise den Fehler, hektisch nach neuen Kunden und Zielgruppen zu suchen, während sie darüber die Quelle ihres bisherigen Erfolgs sträflich vernachlässigen: ihre Bestandskunden. Gerade hier kann aber ein wichtiger Schlüssel zu dauerhaftem Erfolg und stetigen Umsätzen liegen.

Es gilt also, die Schatzkiste Ihrer Bestandskunden einem gründlichen Check zu unterziehen und die Kundendatei nach bestimmten Kriterien zu analysieren und gegebenenfalls neu zu sortieren. Lernen Sie aus Ihren bisherigen Erfahrungen und experimentieren Sie auf dieser Basis mit neuen Ideen.

Anregung:

Nehmen Sie sich die Kaufabschlüsse vor, die Sie in den letzten beiden Jahren initiiert haben (oder eben in einem Zeitraum der für Sie und Ihr Produkt adäquat ist) und stellen Sie sich die folgenden Fragen:

● Was waren das für Kunden? Lassen sich homogene Zielgruppen herauskristallisieren, z. B. hauptsächlich Ärzte, vorwiegend Geschäftsführer, Kunden aus einer bestimmten Branche oder Ähnliches?

● Wie oder auf welchen Wegen haben Sie den Kontakt zu diesen Kunden hergestellt? Sind diese Wege heute noch aktuell oder – falls nicht – wodurch könnten Sie sie ersetzen?

● Wie haben Kunden Sie gefunden? Entstand der Erstkontakt über eine Anzeige, einen Vortrag, eine spezifische Kundenveranstaltung? Über Ihre Internetpräsenz?

● Welche Kunden haben sich für welche Ihrer Produkte oder Dienstleistungen interessiert? Lässt sich daraus eine Tendenz ablesen oder eine Regel bilden?

- Könnten Sie – wenn Sie die Kaufabschlüsse miteinander vergleichen – die jeweiligen Produkte möglicherweise untereinander austauschen, das heißt, wenn Kunde A Produkt 1 gekauft hat und Kunde B Produkt 2, wäre es dann sinnvoll jedem der beiden das jeweils andere Produkt anzubieten?

- Wie viele Folgeabschlüsse konnten Sie im Durchschnitt pro Kunde erzielen?

- Wann haben Sie diese Bestandskunden jeweils zuletzt kontaktiert? Gibt es hier Unterschiede, und woran könnte das liegen?

Sie können die Erkenntnisse, die Sie aus solchen Überlegungen gewinnen, unmittelbar nutzen, indem Sie zur Tat schreiten: Auch hier kann ein 3-Minuten-Service-Anruf genau das richtige Mittel der Wahl sein. Fragen Sie den Kunden, wie zufrieden er nach diesen Wochen oder Monaten noch mit seinem Abschluss ist. Schauen Sie sich die zugehörigen Unterlagen vor diesem Telefonat noch einmal an und überlegen Sie, welches Produkt Sie ihm möglicherweise als Ergänzung oder Folgeprodukt jetzt anbieten können. Oder fragen Sie Ihren Kunden, welches zum gegenwärtigen Zeitpunkt seine Anliegen und Bedürfnisse sind, vereinbaren Sie gegebenenfalls einen Servicetermin.

Achten Sie bei Ihrem Bestandskunden-Check auch darauf, ob Sie möglicherweise auf bestimmte Zielgruppen fixiert sind. Vielleicht ergibt sich die Chance, dass Sie Ihr Produkt/Ihre Dienstleistung auch einer anderen Zielgruppe anbieten, oder dass Sie Ihre Produktpalette den aktuellen Ansprüchen Ihrer Lieblingszielgruppe anpassen.

Interessant und hilfreich ist in vielen Fällen auch die folgende Power-Zusatz-Frage: „Wen kennt mein Kunde, den ich auch kennen lernen sollte?"

Bei der Überprüfung Ihrer Bestandskundenkartei haben Sie vermutlich ebenfalls registriert, dass Sie mit manchen Kunden eher wenige, dafür aber größere Geschäfte abschließen konnten, mit anderen Kunden eher mehrere kleine. Auch hier ist eine Differenzierung sinnvoll: Investieren Sie Ihre Zeit und Energie im Zweifelsfall lieber dort, wo Sie mit weniger Aufwand höhere Umsätze bzw. Erträge erzielen!

Sicher kennen Sie das so genannte Pareto-Prinzip: Vilfredo Pareto, seinerzeit Professor in Lausanne (1894 bis 1916), hatte herausgefunden, dass man bei den allermeisten Tätigkeiten 80 Prozent der Ergebnisse im Grunde mit 20 Prozent der eingesetzten Energie erzielt – und dann eben die übrigen 80 Prozent der Energie einsetzen muss, um auch noch die restlichen 20 Prozent an Ergebnis einzufahren. Nutzen Sie dieses Prinzip – jetzt! Wenden Sie es tatsächlich auch konkret an; es nur zu wissen, genügt nicht und hilft Ihnen nicht weiter!

Auch im Verkauf gilt es genau hinzuschauen, wo sich unter der Oberfläche der alltäglichen Vorgänge das Pareto-Prinzip verbirgt: Oft sind es verhältnismäßig wenige Kunden, mit denen man die größten Umsätze macht, und man verbringt doch relativ gesehen auch sehr viel Zeit mit den anderen, die unterm Strich dann nur einen Bruchteil der Gesamterlöse ausmachen (aber möglicherweise den besseren Kaffee anbieten).

> **Anregung:**
>
> Überprüfen Sie die Relation zwischen Ihrem Zeit- und Energieaufwand und den erzielten Resultaten anhand der folgenden Fragen:
>
> - Wie haben Sie seinerzeit die Kunden kennen gelernt, mit denen Sie die größten und/oder dauerhaftesten Umsätze machen?
>
> - Welches Vorgehen hat sich damals bewährt?
>
> - Welcher Zeitaufwand war nötig, um die erzielten Ergebnisse zu erarbeiten?
>
> - Wie lassen sich diese Strategien auf andere Kunden oder Zielgruppen übertragen?
>
> - In welchem Verhältnis steht die Gruppe Ihrer besten Kunden (nach Umsatzvolumen) zur Gruppe Ihrer eher „bescheidenen" Kunden?
>
> - Wie lassen sich Ihre Erkenntnisse im Alltag ab sofort konstruktiv umsetzen?

Auch rein rechnerisch leuchtet das unmittelbar ein: Im Zweifelsfall besuchen Sie lieber einen Kunden, der ein wahrscheinliches Auftragsvolumen von 10.000 Euro in Aussicht stellt, als vier Kunden mit geringen und fraglichen Abschlusssummen – und nutzen Sie die eingesparte Zeit für andere Erfolg versprechende Projekte.

Kurz gefasst:

Pflegen Sie Ihre Bestandskunden, indem Sie sie regelmäßig kontaktieren und über deren Anliegen und Bedürfnisse auf dem Laufenden bleiben.

Überprüfen Sie, mit welchen Kunden oder Zielgruppen Sie welchen Anteil Ihrer Umsätze generieren. Besuchen Sie dementsprechend Ihre VIP- und A-Kunden (optimal auf das Gespräch vorbereitet) gezielter und regelmäßiger als solche, die nur gelegentlich einen Kaufabschluss tätigen – Sie werden umso effektiver sein!

Tipp 29: „Wer bist du?" – Gründliche Vorqualifizierung

Um was es geht:

Neben der Quantität gilt es genauso die Qualität der Neukundentermine zu erhöhen. Hier lohnt es sich, genauer zu differenzieren, ob Sie zu diesem Zeitpunkt mit Ihren Angeboten bei diesem Kunden wirklich am richtigen Platz sind. Andernfalls verschwenden Sie nur (Ihre und seine) wertvolle Zeit. Deshalb sollten Sie einen möglichen Kunden hinsichtlich seines Geschäftspotenzials vorqualifizieren.

Sie wollen also einen potenziellen Kunden anrufen, um mit ihm einen konkreten Termin zu vereinbaren. Zu diesem Zeitpunkt sollten Sie sich ein genaueres Bild darüber gemacht haben, was Sie vorab qualifizieren, das heißt über den Kunden erfahren wollen. Das kann beispielsweise sein aktueller Bedarf sein oder dessen Höhe, seine bisherigen Erfahrungen und Kenntnisse, wichtige Entscheidungskriterien, gewohnte Kauf- und Entscheidungsstrategien oder Informationen über seinen derzeitigen Lieferanten.

Darüber hinaus ist es sinnvoll, in Erfahrung zu bringen, welche Position Ihr Gesprächspartner in seinem Unternehmen hat und ob er selbst (Kauf-) Entscheidungen treffen kann. Falls das nicht der Fall ist: wen muss er noch einbeziehen? Und welche Erwartungen hat diese weitere Person? Welche Wünsche bestehen hinsichtlich der Form der Angebotspräsentation? Hat möglicherweise auch der Steuerberater ein Wörtchen mitzureden?

Ein Beispiel:

Wie lenken Sie nun ganz konkret das Gespräch auf diese gewünschte Vorqualifizierung? Hierzu folgender Vorschlag: „Herr A., ich möchte achtsam mit Ihrer und meiner Zeit umgehen. Damit ich Ihnen also bei unserem Treffen nicht etwas präsentiere, was Sie möglicherweise gar nicht brauchen oder was Sie nicht interessiert, darf ich Ihnen zuvor einige Fragen stellen?" Wenn der Kunde zögert, sollten Sie ihm die Plausibilität Ihrer Fragen „vor-verkaufen": „Sie werden dann in unserem persönlichen Gespräch viel schneller erkennen können, welchen besonderen Nutzen Ihnen unser Produkt/Angebot xy bietet, und so sparen Sie wertvolle Zeit." Auf diese Weise kann Ihr Interessent selbst einschätzen, welche Vorteile ihm die Beantwortung bringt, und er wird gerne auf Ihre Fragen eingehen.

Anschließend können Sie nach der A-B-C-Methode sinnvoll terminieren und das weitere Vorgehen planen, und Sie werden in Folge kaum noch Zeit verschwenden mit Erstgesprächen, die keine reelle Erfolgschance bieten. Sie können ab sofort damit aufhören, planlos kalt zu terminieren und nur nach dem Prinzip Hoffnung potenzielle Kunden zu besuchen.

Kurz gefasst:

Eine gute Vorqualifizierung erspart Ihnen unnötige oder zu wenig effektive Kundenbesuche. Sie können damit schon im Vorfeld recht gut differenzieren, bei welchen potenziellen Kunden ein lohnender Abschluss in Aussicht steht und mit welchen Sie eher Ihre Zeit verschwenden würden.

Tipp 30: Mit Perspektivenwechsel endlich zur erfolgreichen Empfehlung

Um was es geht:

Der beste Weg zu Erfolg versprechenden Neukunden führt oftmals über zufriedene Stammkunden – mit Hilfe einer Empfehlung. Doch viele Verkäufer tun sich hier (unnötigerweise) sehr schwer. „Ich kann doch nicht direkt nach einem Kaufabschluss gegenüber dem Kunden als Bittsteller auftreten!" Dabei geht es auch ganz anders: leicht und elegant, mit Hilfe eines einfachen Perspektivenwechsels.

Meist steckt man als Verkäufer direkt nach einem Kaufabschluss erst einmal in einem inneren Dialog fest, der sich etwa wie folgt abspielt: „Jetzt frag Herrn A. doch gleich, für wen aus seinem Umfeld (Tennisclub, Vorstandskollegen, Kochclub-Freunde) dieses Angebot auch interessant sein könnte." – „Was? Doch nicht gerade jetzt! Eben hat er mir den Auftrag unterschrieben – und nun soll er schon wieder etwas für mich tun? Am Ende wird er noch ärgerlich, dann kann ich die möglichen Folgeaufträge mit Sicherheit vergessen …"

Solche Gedanken sind zwar menschlich und durchaus nachvollziehbar – sie sind aber keineswegs nützlich für den Fortgang des Gesprächs und halten in den meisten Fällen einer Überprüfung nicht einmal stand. Denn mit der tatsächlichen Einstellung Ihres Kunden haben sie erfahrungsgemäß wenig zu tun; es handelt sich hier um Ihre persönlichen Befürchtungen, eine so genannte Projektion. Ein solches Denken verhindert, dass Sie sich leicht und elegant eine regelrechte „Empfehlungs-Pipeline" aufbauen. Doch es geht auch anders.

Ein Beispiel:

In meinen Seminaren lade ich die Teilnehmer zu einem Rollenspiel ein: Ich selbst spiele den Verkäufer und einer der Anwesenden darf der Kunde sein. Wir klären kurz, was in der Situation voranging: Wir haben drei Beratungsgespräche geführt; der Kunde hat sich für ein umfassendes Finanzkonzept entschieden, das ihm vor allem eine sehr gute Absicherung im Alter bietet. Ich frage ihn noch einmal nach den für ihn entscheidenden Kaufgründen, und er antwortet: „Am wichtigsten für mich war, dass ich die kommenden Jahre in Ruhe arbeiten kann und mir um meine finanzielle Absicherung im Ruhestand keine Sorgen mehr zu machen brauche, dass die Risiken insgesamt gering sind und dass Sie für mich ein Finanzprofi sind." Darauf ich: „Vielen Dank, Herr B., das ist sehr interessant. Übrigens: Wir hatten uns im letzten Gespräch über Ihre Tenniskollegen unterhalten – was meinen Sie, für wen von ihnen könnte solch ein Finanzkonzept auch wertvoll sein?" Mein Gegenüber denkt kurz nach und nennt mir dann zwei oder drei Namen; ich kläre noch mit ihm ab, ob er sie selbst informieren möchte oder ob ich das übernehme. Schließlich frage ich meinen „Kunden" noch, warum er seinem Tennispartner dieses Finanzkonzept empfehlen möchte, die Antwort: „Vielleicht nützt ihm das, ich würde mich freuen." – „Und was erhoffen *Sie* sich davon?" – „Einen Anruf: Danke für den tollen Tipp." Und dann stelle ich die wichtigste Frage: „Was hat nun Ihre Empfehlung mit mir als Verkäufer zu tun?" Zunächst Schweigen. Dann die Antwort des ‚Kunden': *„Gar nichts!"*

Der Kunde gibt zwar seine Empfehlung zunächst ganz offensichtlich Ihnen, zumindest rein faktisch, indem er Ihnen die Kontaktdaten seines Kollegen, Freundes oder Golfpartners nennt. Letztendlich aber möchte er diesem anderen Menschen einen Gefallen tun – und nicht Ihnen! Das heißt, sobald Sie Ihren Kunden zukünftig nach einer Empfehlung fragen, werden Sie für ihn zum „Möglichmacher": Sie ermöglichen ihm, einem guten Freund oder Kollegen etwas Gutes zu tun und dadurch dessen Zuneigung sowie ein Dankeschön zu erhalten.

Durch diesen Perspektivenwechsel („Shift im Kopf") können Sie ganz gezielt aktiv werden. Denn es stellt sich immer wieder heraus, dass sogar äußerst zufriedene Kunden kaum von selbst einmal als Multiplikatoren agieren; nur etwa 10 bis 15 Prozent geben spontan einen guten Tipp oder eine nützliche Erfahrung weiter.

Kurz gefasst:

Vollziehen Sie den notwendigen Perspektivenwechsel: Indem Sie Ihren Kunden nach dem Kaufabschluss nach weiteren Kontakten fragen, ermöglichen Sie ihm, einem anderen Menschen etwas Gutes zu tun und dessen Anerkennung und Freude zu gewinnen. Gleichzeitig erhalten Sie auf diese Weise eine ganze Reihe wertvoller neuer Adressen und legen damit – bei konsequenter Umsetzung – den Grundstein für Ihre nicht endende Kunden-Pipeline.

Kundengespräche

Im Gespräch mit (potenziellen) Kunden spielen zwei Ebenen eine wichtige Rolle: die inhaltlich-faktische und die persönliche. Zur inhaltlich-faktischen Ebene gehört, dass Sie sich in Ihrem Metier bestens auskennen, mit Ihren Produkten und deren Einsatzmöglichkeiten vertraut sind und dafür sorgen, dass Sie hier auf dem neuesten Stand sind und bleiben. Darüber hinaus sollten Sie (verbal und nonverbal) vermitteln, dass Sie vom Nutzen Ihrer Produkte oder Dienstleistungen vollkommen überzeugt und begeistert sind.

Bezüglich der persönlichen Ebene ist es wichtig, dass Sie Ihr inneres Anliegen und Ihr Selbstverständnis pflegen: Gehen Sie zu einem neuen Kunden als einer, der etwas von ihm will oder gar braucht? Oder erleben Sie sich als jemanden, der dem Kunden etwas Besonderes anbietet, etwas ermöglicht oder im weitesten Sinne sogar schenkt? Kurz gesagt: Sind Sie ein Bittsteller oder ein Möglichmacher?

Hier können Sie schon im Vorfeld eines Kundengesprächs wertvolle Vorarbeit leisten, indem Sie darauf achten, wie Sie Ihre inneren Dialoge mit sich selbst gestalten. Je positiver Sie hier denken und mit sich selbst umgehen, umso anziehender und überzeugender ist Ihre energetische Signatur (Ihre „gefühlte" Unterschrift). Denken Sie immer daran: Sie sind jemand, der etwas Wertvolles anzubieten hat und damit dem Kunden etwas ebenso Wertvolles ermöglicht. Der Nutzen, den Sie ihm anbieten, übersteigt seine finanzielle Investition im Wert um ein Vielfaches!

Um dahingehend einen nachhaltig positiven inneren Dialog zu pflegen, sind die folgenden Überlegungen hilfreich:

- Sind Sie neugierig auf Ihre Kunden? Fragen Sie sich, auf welche Menschen Sie treffen werden und was Sie für diese tun können!

- Haben Sie für sich geklärt, welchen ersten Eindruck Sie hinterlassen wollen und wie Sie das am besten bewerkstelligen? Wir zeigen Ihnen, was Sie dafür tun können, vom Kunden mit „Sekt statt Selters" empfangen zu werden.

- Wissen Sie vorab, was sich aus dem Gespräch für Ihren jeweiligen Kunden ergeben kann oder soll? Klären Sie für sich, was Sie anbieten können und welchen Nutzen Ihr Kunde davon haben wird.

Zu den einzelnen Aspekten finden Sie im Folgenden weitere Hinweise und Anregungen. Je besser es Ihnen gelingt, Ihre innere Souveränität aufzubauen, umso eher werden Ihre Kundengespräche wie von selbst fließen und für beide Seiten angenehm, konstruktiv und erfolgreich verlaufen.

Tipp 31: Sekt oder Selters? Nachhaltig beeindrucken im Erstkontakt

Um was es geht:

„Für den ersten Eindruck gibt es keine zweite Chance" – also gilt es, den ersten Eindruck optimal zu nutzen. Wichtig ist vor allem, dass es Ihnen gelingt, das Interesse des potenziellen Kunden zu wecken und ihm gleichzeitig Ihre respektvolle Neugier zu signalisieren, so dass er spürt, dass er zu Ihnen Vertrauen aufbauen kann.

Die Vertrauensbasis zwischen Ihrem Kunden und Ihnen als Verkäufer ist nicht nur in Krisenzeiten der wichtigste Faktor für einen erfolgreichen Verkaufsabschluss. Daher sollten Sie gleich zu Beginn neben Ihrer persönlichen, sozialen Kompetenz und Authentizität auch Ihre inhaltlich-fachliche Kompetenz vermitteln.

Folgende Strategien tragen im entscheidenden Erstkontakt erheblich zu Ihrer authentischen und sympathischen Ausstrahlung bei:

● Freundlichkeit: Begegnen Sie Ihrem Kunden mit einem aufrichtigen Lächeln. Fragen Sie sich selbst (am besten kurz vor dem Gespräch bei einem Blick in einen Spiegel): „Würde ich diesem Menschen heute etwas abkaufen?" Falls Sie im Moment verspannt wirken, erinnern Sie sich an eine angenehme Begebenheit und lächeln Sie: Ihre Gesichtsmuskeln werden die Nervenreize innerhalb kurzer Zeit auflösen und Ihre schlechte Laune verfliegt. Freundlichkeit ist wesentlich, wenn Sie etwas bei anderen Menschen erreichen wollen. (Übrigens: wussten Sie, dass Sie für ein Lächeln nur 17 Muskeln benutzen, zum Stirnrunzeln dagegen über 40?)

● Aufmerksamkeit: Hören Sie Ihrem Kunden aufmerksam und aktiv zu; lassen Sie ihn sprechen und geben Sie ihm das Gefühl, dass Sie ihn ernst nehmen. Seien Sie außerdem pünktlich und höflich und halten Sie Verabredungen genau ein.

- Behandeln Sie Ihren Kunden auf gleicher Augenhöhe: Lassen Sie Ihren Gesprächspartner niemals Ihren Wissensvorsprung oder eine fachliche Überlegenheit spüren, denn mit Überheblichkeit werden Sie Ihr Ziel nicht erreichen. Auch wenn Sie es „nur" mit der Sekretärin oder dem Azubi zu tun haben (der könnte sogar einmal Ihr direkter Ansprechpartner werden!): Hören Sie freundlich und aufmerksam zu und achten Sie auch auf das, was nonverbal ausgedrückt wird.

- Aufrichtige Überzeugung und Begeisterung: Sie beweist dem Kunden, dass Sie voll und ganz hinter Ihren Produkten stehen und sich mit den in Aussicht gestellten Vorteilen und Nutzenaspekten identifizieren. Umso leichter wird sich auch der Kunde von Ihrem Angebot überzeugen und begeistern lassen.

Über diesen (unterschwellig verlaufenden) persönlichen Ersteindruck hinaus hat jeder Kunde – ausgesprochen oder nicht – das Bedürfnis zu wissen, mit wem er es zu tun hat: „Wer sind Sie?" und „Was wollen Sie?" sind die zugrunde liegenden Fragen, die er jedoch selten explizit stellt. Kommen Sie ihm zuvor; beantworten Sie diese Fragen von sich aus (für den Kunden und für Ihr inneres Selbstverständnis), indem Sie sich entsprechend klar präsentieren.

Hinter diesen beiden auf den ersten Blick ganz allgemeinen, fast harmlosen Formulierungen verbergen sich nämlich eine ganze Menge weiterer Fragen:

- Worin sind Sie Experte? Was können Sie besser als andere?

- Warum vertreiben Sie genau dieses Produkt, genau diese Dienstleistung?

- Machen Sie Ihre Arbeit mit spürbarer Begeisterung, sind Sie überzeugt von dem, was Sie tun?

- Was ist Ihre innere Motivation, Ihr Selbstverständnis?

- Inwieweit sind Ihre Produkte einzigartig? Was unterscheidet Sie deutlich von anderen Anbietern?

Kurz: Warum sollte der Kunde speziell dieses Produkt gerade bei Ihnen kaufen und nicht bei einem Ihrer Kollegen?

Vielen Verkäufern, aber auch Unternehmern, fällt es nicht leicht, auf solche oft nur unterschwellig anklingenden Kundenfragen („Wer sind Sie und was wollen Sie?") kurz und knapp und gleichzeitig aussagekräftig zu antworten, ohne sich bereits zu sehr in die Details zu verstricken. Aber wenn die Antworten zu ausführlich geraten, kann das ursprünglich vom Kunden signalisierte Interesse zu schnell wieder ermüden, und das wäre ja genau das Gegenteil von dem, was Sie erreichen wollen. Auch wäre es äußerst ungünstig, wenn Sie bereits an dieser Stelle auf Ihr Produkt zu sprechen kommen: Sie wissen ja noch gar nichts über die Situation, die Wünsche und Bedürfnisse Ihres Kunden!

Wir schlagen Ihnen vor, sich für solche Fälle eine kurze Beschreibung Ihres Tätigkeitsfeldes auszudenken, die originell, kompakt und emotional verankert ist und so das Interesse des Zuhörers weckt und ihn zum Nachfragen ermutigt.

Ein Beispiel:

Mein persönlicher „Aufzugsatz" (im Englischen Elevator Pitch) hat mir schon oft gute Dienste geleistet. So unter anderem, als ich einmal zu einer wichtigen Veranstaltung in der 40. Etage einer Großbank in Frankfurt eingeladen war. Im gleichen Moment, als ich den Aufzug betrat, stieg auch der Hauptreferent des Abends ein. Wir begrüßten uns, und als wir etwa auf der Höhe der 20. Etage waren, fragte er mich: „Was machen Sie beruflich?" Meine innere Stimme stellte fest: „Jetzt sind es nur noch 16 Etagen. Was sage ich bloß?" (vier weitere Etagen vergingen während der Frage). Nun, wie Sie wissen, arbeite ich im Bereich Consulting, Training und Coaching. Ich war auf eine solche Frage vorbereitet und hatte meinen „Aufzugsatz" parat (der hier natürlich im doppelten Sinn passte): „Ich bin ein Möglichmacher. Ich ermögliche Unternehmern und Verkäufern mehr Sinn und mehr Gewinn." Das klingt nicht nur viel interessanter als ein einfaches „Ich bin Trainer" oder „Ich bin Unternehmensberater und Coach", sondern ich werde erfahrungsgemäß in neun von zehn Fällen darum gebeten, noch mehr darüber zu erzählen, was ich genau mache. Ich habe das Interesse des Gegenübers geweckt und bekomme im Nu seine Zustimmung, ihm weitere Informationen zu geben: Er will wissen, was sich dahinter verbirgt, und sichergehen, dass ich kein Schaumschläger bin. Ich antworte dann: „Ich zeige Unternehmern und Verkäufern, wie sie sich eine nicht endende Kunden-Pipeline aufbauen."

Auf diese Weise können auch Sie die Neugier und das Interesse Ihres Gesprächspartners wecken, ohne dass Sie gleich allzu sehr in die Details gehen müssten. Ihr Gegenüber bekommt einen ersten Eindruck von Ihrem Angebot und Ihrer Fachkompetenz; gleichzeitig eröffnen Sie sich und ihm die Möglichkeit, in ein interessantes und bereicherndes Gespräch einzusteigen.

Weiterhin ist es im Kontext eines Erstkontaktes auf jeden Fall sinnvoll, dass Sie aussagekräftige Referenzen parat haben: Sie sind gut, und Sie selbst wissen das. (Und andere sollen das auch erfahren!) Im besten Fall haben Sie das sogar schriftlich.

Anregung:

Lassen Sie sich von zufriedenen und begeisterten Kunden nach dem erfolgten Kaufabschluss auf jeden Fall schriftliche Referenzen geben. Achten Sie dabei darauf,

1. dass die Statements möglichst breit gefächert sind und alle Ihre Stärken erwähnen (z. B. Ihre Fachkompetenz oder Beratungskompetenz),

2. dass die Formulierungen Ihrer Kunden möglichst konkret und spezifisch sind, und fragen Sie gegebenenfalls nach, um möglichst klare Angaben über die auf Kundenseite erreichten Ziele oder Verbesserungen zu erhalten.

Folgendes ist zwar ein wunderbares Statement, bleibt aber etwas unkonkret und könnte sich genauso gut auf andere ähnliche Angebote beziehen: „Das war das bisher beste und wichtigste Seminar in meiner langjährigen beruflichen Entwicklung überhaupt." (H. S.). Dagegen sind diese Aussagen klarer: „Nur zwei Monate nach dem Seminar steigerte meine Verkaufsmannschaft ihre Umsätze um 36 Prozent!" (C. W.) oder „Schon nach den ersten beiden Tagen … konnten wir durch die neu entdeckten Möglichkeiten zur Lösung unseres Problems auf Ausgaben in Höhe von 60.000 Euro verzichten. So schnell hat sich eine Investition für uns noch nie amortisiert!" (T. G., alle Zitate sind Auszüge aus meinen persönlichen Referenzen). Solche Bestätigungen sind spezifisch, aussagekräftig, bildhaft und damit für einen potenziellen Neukunden sehr beeindruckend.

Wenn der Kunde auf Ihre Bitte hin zunächst nur die offensichtlichsten Nutzenargumente erwähnt, die andere in ihren Referenzen auch schon aufgeführt haben, bleiben Sie hartnäckig und stellen Sie Zusatzfragen:

● Was gab es darüber hinaus, das ihn besonders beeindruckt hat?
● Was waren die eindrücklichsten Konsequenzen aus seiner Kaufentscheidung?
● Die eklatantesten Verbesserungen in seinem Unternehmen?

Sie sollten am Ende in Ihren Referenzen nicht nur ein oder zwei augenscheinliche Vorteile, sondern ein aussagekräftiges Spektrum all Ihrer Stärken und Potenziale im Beratungs- und Kaufprozess wiederfinden.

Setzen Sie diese überzeugenden Referenzen beispielsweise in einem Vorverkaufsbrief ein; möglicherweise können Sie dem Adressaten gleichzeitig in Aussicht stellen, dass er bei Interesse mit dem einen oder anderen dieser zufriedenen Kunden selbst sprechen kann. So wecken Sie seine Neugier und setzen gleichzeitig den ersten Grundstein für Ihre Position als Experte – das sind sehr gute Voraussetzungen für ein Erfolg versprechendes persönliches Erstgespräch.

Kurz gefasst:

Nutzen Sie die Chance des ersten Eindrucks: Setzen Sie aussagekräftige Referenzen ein und wecken Sie mit einer originellen Beschreibung Ihres Angebotes das Interesse Ihres Neukunden an Ihren Produkten oder Dienstleistungen.

Tipp 32: Vertrauen aufbauen – Interesse wecken

Um was es geht:

In wirtschaftlich schwierigen Zeiten sind die Kunden zutiefst verunsichert. Die Auswahl unter den Produkten und Dienstleistungen wird immer größer, alles wird einander immer ähnlicher, und oftmals sind die schlussendlich entscheidenden Kriterien nicht mehr klar erkennbar. In diesem Kontext spielt für den Kunden das Vertrauen zu *seinem* Verkäufer eine immer wichtigere Rolle.

Eine persönliche Beziehung zwischen dem Kunden und dem Verkäufer, die von gegenseitigem Respekt und Wertschätzung geprägt ist, lässt selbst in Krisenzeiten nachhaltiges Vertrauen entstehen, und dieses Vertrauen ist langfristig gesehen noch wichtiger als der einzelne (möglicherweise nach alten Mustern auf die Schnelle durchgezogene) Verkaufsabschluss.

Jeder Kunde will sich im Grunde von seinem Verkäufer vor allem verstanden fühlen. Das beginnt bei der Kontaktaufnahme und führt über die gemeinsame Eruierung der Kundenwünsche und -bedürfnisse bis hin zu den möglicherweise zahlreich auftretenden Zweifeln und Einwänden. Wenn es

Ihnen gelingt, Ihren Kunden in all diesen Phasen eines Verkaufsgesprächs respektvoll zu behandeln und ehrliches Interesse an seinen Themen und Problemen zu bekunden, wird daraus ein gemeinsam gestalteter Prozess, in vielen Fällen ein persönliches Gespräch.

Damit beantwortet sich häufig eine weitere (meist unausgesprochene) Kundenfrage von alleine: „Handeln Sie in meinem Interesse?" Diese Frage können Sie natürlich nicht explizit beantworten; das würde schnell nach aufgesetzter Überzeugungsarbeit klingen. Lassen Sie Ihren Kunden stattdessen Ihr Wohlwollen und Ihr respektvolles Interesse an seiner Person und an seinem Unternehmen spüren. Betrachten Sie ihn als Menschen mit all seinen Wünschen, Ängsten und Bedenken, genauso auch mit seinen Möglichkeiten und Potenzialen.

Vor allem die Ängste des Kunden erfordern Ihre Achtsamkeit: Angst entsteht aus einem vorgestellten Verlust. Der Kunde befürchtet, sein Geld zu verlieren, sein Ansehen (bei den Kollegen, beim Chef oder bei der Familie), seine Beziehungen oder Freundschaften, seinen Arbeitsplatz usw. Helfen Sie ihm, seine Ängste und Zweifel aufzulösen, und behandeln Sie ihn auch in diesem Kontext mit respektvoller Neugier. Ihre hier gelebte Authentizität wird unmittelbar dazu beitragen, dass er sich verstanden fühlt und sich auf ein gutes und bereicherndes Gespräch mit Ihnen einlassen kann.

Wie können Sie nun Ihrem Kunden Ihr respektvolles Interesse an seiner Person vermitteln? Hier haben sich einstudierte Sprachmuster als wenig effektiv erwiesen; Sie werden erfolgreicher sein, wenn Sie sich auf Ihre eigene Intuition verlassen.

Anregung:

Wenn Sie Ihren Kunden das erste Mal besuchen, sehen Sie sich in seiner Umgebung genau um. Möglicherweise gibt es Hinweise auf die Firmengeschichte. Auch Kleinigkeiten am Rande bieten oft eine interessante Gelegenheit, ein Gespräch anzufangen: Vielleicht entdecken Sie ein besonderes Bild an der Wand oder eine Urkunde, einen außergewöhnlichen Stein auf dem Fensterbrett oder ein exklusives Accessoire auf dem Schreibtisch. Auch eignen sich, falls das erste Gespräch in privater Umgebung stattfindet, die entdeckten Details gut zum Gesprächsbeginn: „Ich sehe, Sie haben eine Anglerausrüstung im Flur; gehen Sie oft zum Angeln? Ich liebe die Ruhe und Zeitlosigkeit, die man dabei erleben kann … Mein Großvater hat mich damals immer mitgenommen – ich bin ihm heute noch dankbar dafür."

So brauchen Sie zu Gesprächsbeginn nicht über das berühmt-berüchtigte Wetter zu sprechen; Sie kreieren die erste Stufe einer Vertrauensbasis und bringen gleichzeitig dem Kunden respektvolle Neugier entgegen.

Gleichzeitig gilt es in dieser Gesprächsphase auch, das Interesse des Kunden für Sie und Ihre Produkte bzw. Dienstleistungen zu wecken. Das ist – schon im allerersten Kontakt, auch und gerade dann, wenn dieser per Telefon stattfinden sollte – eine grundlegende Voraussetzung für den weiteren erfolgreichen Gesprächsverlauf. Solange kein wirkliches Interesse entsteht, verschwenden Sie nur Ihre und seine Zeit.

An dieser Stelle verweisen wir auf den im vorigen Kapitel erwähnten Aufzugsatz, diese kurze, pfiffige und einprägsame Beschreibung Ihrer Tätigkeit. In den allermeisten Fällen werden Sie auf solch eine Darstellung hin gefragt werden, was denn nun genau darunter zu verstehen sei – und hier haben Sie sofort die Möglichkeit, das geweckte Interesse noch weiter zu vertiefen.

Was sich ebenfalls anbietet, ist eine Geschichte zum Produkt, die bisweilen mit der Entstehung der Produktidee und mit dem dahinter verborgenen Anliegen zu tun hat, oft auch nur auf der emotionalen Ebene ein einprägsames Bild aufzeigt oder spürbar macht, um was es dabei eigentlich geht. Damit verbunden wird der Wert des Produktes elegant zum Gesprächspartner transportiert und mit emotionalen Aspekten verknüpft, die sich vom Kunden später umso leichter erinnern lassen.

Ein Beispiel:

Meine persönliche emotionale Nutzenstory lautet wie folgt: „Wir alle sind doch ständig auf der Suche nach dem ‚guten Gefühl'. Und kann es für einen Verkäufer ein besseres Gefühl geben als die Sicherheit, dass permanent Kunden nachkommen? Die Pipeline ist die Metapher dafür, dass etwas im Fließen bleibt oder immer wieder ins Fließen gebracht werden kann, auch wenn die Umstände ab und zu dagegen sprechen. Ein Verkäufer, der konsequent bei seinen Kunden Empfehlungen initiiert, tut damit auch den Kunden einen Gefallen: Jemand, der gerade voller Begeisterung eine neue EDV-Anlage samt passender Software gekauft hat, wird sich freuen, wenn er mit einer Weiterempfehlung einem Freund oder Kollegen ebenfalls etwas Gutes tun kann; dieser wird sich später bei ihm melden und für den guten Tipp bedanken. Und so entsteht für den Verkäufer mehr Sinn und mehr Gewinn: eine nicht endende Kunden-Pipeline."

Mit Ihrer emotionalen Nutzenstory schlagen Sie gleich mehrere Fliegen mit einer Klappe:

- Sie gewinnen rasch die Aufmerksamkeit Ihres Kunden;

- Sie präsentieren den Wert Ihres Produktes oder Ihrer Dienstleistung und gleichzeitig die Idee, die dahinter steht, in Verbindung mit einer authentischen Geschichte, die vom Kunden unmittelbar nachvollziehbar ist, und

- erreichen dadurch fast unmerklich mit wichtigen Kaufargumenten Herz und Verstand Ihres Gesprächspartners.

- Sie regen ihn dazu an, weitere Fragen zu stellen, und erhalten somit implizit die Erlaubnis, zu einzelnen Punkten mehr Informationen zu geben, ohne dass sich der Kunde überfahren oder vereinnahmt fühlt.

- Und nicht zuletzt lässt sich diese Geschichte leicht merken und bei Bedarf auch leicht wiedergeben.

Denn allzu viele Daten und Fakten könnte sich Ihr Gegenüber zu Beginn eines Gesprächs sowieso nicht einprägen. Außerdem lassen sich Geschichten grundsätzlich viel besser anderen Menschen weitererzählen als irgendwelche nüchternen Zahlen. Untersuchungen haben ergeben, dass schon zwei Wochen nach einer Produktpräsentation mindestens 50 Prozent der Produktmerkmale vom Kunden nicht mehr erinnerbar sind; eine interessante Geschichte zum Produkt bleibt dagegen viel besser in seinem Gedächtnis haften.

Kurz gefasst:

Mit einer emotionalen Nutzenstory klären Sie von sich aus unausgesprochene Kundenfragen („Wer sind Sie? Was wollen Sie? Handeln Sie in meinem Interesse?") und wecken gleichzeitig die Neugier und das Interesse des Gesprächspartners.

Tipp 33: Sichtbar Experte sein

Um was es geht:

Um das Vertrauen Ihres Kunden in Sie als Verkäufer und in Ihre beruflichen und menschlichen Fähigkeiten aufzubauen, ist es wichtig, dass
Sie sich bezüglich Ihres Produkts oder Ihrer Dienstleistung sehr gut
auskennen: Kunden kaufen am liebsten bei ihrem Experten – lassen Sie
sich diese Chance nicht entgehen!

Wie können Sie als Experte auftreten? Nun, dafür ist zunächst eine gründ-
liche und qualifizierte Vorbereitung des Gesprächstermins hilfreich: Sie
tragen im Vorfeld so viele Daten und Fakten über Ihren potenziellen Kunden zusammen wie möglich, und Sie überlegen aufgrund dieser Aspekte
schon einmal für sich, wie Sie mit Ihren Produkten und Dienstleistungen
am besten zum Wohl dieses Kunden beitragen können.

Anregung:

Bringen Sie vor dem ersten Gespräch mit einem neuen Kunden folgende Punkte in Erfahrung:

- In welcher Art Unternehmen arbeitet Ihr Gesprächspartner? Handelt
  es sich beispielsweise um einen Produktionsbetrieb oder um eine Be-
  ratungsfirma, ist das Unternehmen Zwischenhändler oder Endabneh-
  mer Ihres Produkts? Womit verdient dieses Unternehmen sein Geld?

- Welche Position hat ihr Gesprächspartner innerhalb des Unternehmens? Ist er Abteilungsleiter, Angestellter oder Geschäftsführer?

- Wie sieht es mit seiner Entscheidungskompetenz aus? Darf er alleine einen Kaufvertrag abschließen oder muss er in Kaufentscheidungen noch andere Mitarbeiter oder Vorgesetzte mit einbeziehen? Wie
  viele? In welchen Positionen?

- Können Sie erkennen, wo die Erfolgsfaktoren liegen? Und wo möglicherweise Engpässe auftauchen könnten? (Wie) Können Sie mit Ihrem
  Produkt, Ihrer Dienstleistung diese Engpässe lindern oder beseitigen?

- Erkennen Sie, wo die Bedarfe dieses Unternehmens liegen? Falls
  nicht: wer könnte Ihnen dazu wertvolle Hinweise geben? Mitarbeiter
  Ihres Gesprächspartners? Kunden dieses Unternehmens?

- Welche Art von Auftrag könnte sich im besten Fall aus diesem Kundenkontakt ergeben? Bis wann? In welcher Höhe?

Möglicherweise ist es dafür nützlich oder hilfreich, wenn Sie zur Klärung der einen oder anderen Frage Ihre Informationen vorab auch auf einer der unteren Entscheidungs- und Ausführungsebenen im Betrieb Ihres Kunden einholen. Fragen Sie beispielsweise in der EDV-Abteilung nach, welche Art von Leistungen die Geschäftsleitung von den Angestellten braucht, was die Ansprüche, die Vorgaben und daraus resultierend auch die Engpässe und Schwachstellen sind. Mit diesen wertvollen Informationen (und bestenfalls auch schon einer passenden Lösungsstrategie) im geistigen Gepäck gehen Sie dann in das Gespräch mit dem Kunden.

Achten Sie also darauf, dass Sie sich vor einem ersten Kundengespräch wirklich ausreichend Zeit nehmen, um sich gründlich vorzubereiten, damit Sie nichts Wichtiges übersehen. Erinnern Sie sich auch in der Situation selbst an Ihre respektvolle Neugier und Ihr Interesse an der Person des Kunden. Diese innere Einstellung ist bei weitem förderlicher für ein vertrauensvolles Gesprächsklima als all die alten einstudierten Gesprächsfloskeln und Sprachmuster, mit deren Hilfe man angeblich den Kunden zum Kauf animieren oder „manipulieren" konnte. Stellen Sie lieber den Kunden als Menschen in den Mittelpunkt Ihrer Aufmerksamkeit und lassen Sie ihn erkennen, dass Sie als *sein* Experte für ihn da sein werden und genau die Ideen und Produkte anbieten, die seinen Bedürfnissen am besten entsprechen.

Kurz gefasst:

Bereiten Sie die Gesprächstermine mit neuen Kunden sorgfältig vor, so dass Sie wichtige Zahlen, Daten und Fakten, die Stärken und Probleme in der aktuellen Situation bereits im Vorfeld eruieren. Nutzen Sie die Zeit innerhalb des Gesprächs dann lieber, um die persönlichen (und entscheidenden) Wünsche und Bedürfnisse des Kunden zu erforschen und gemeinsam praktikable Lösungen zu entwickeln.

Wertebewusstsein

Bei der Vielzahl der heute angebotenen Produkte werden auch die Entscheidungskriterien der Kunden immer vielfältiger und – zumindest auf den ersten Blick – undurchschaubarer. Das bedeutet für Sie als Verkäufer oder Berater, dass es sinnvoll ist zu eruieren, welche Aspekte für den einzelnen Kunden eine wichtige Rolle bei seiner Kaufentscheidung spielen.

Den eigentlichen oder faktischen oder objektiven Wert eines Produkts für den jeweiligen Kunden darzustellen ist schwer, wenn nicht gar unmöglich. Denn jeder Mensch hat einen anderen Blickwinkel und andere Bedürfnisse: Was für den einen unabdingbar ist, wird für den nächsten nebensächlich bleiben; was jemand als verzichtbar einschätzt, ist für einen anderen das entscheidende Kaufkriterium. Das bedeutet: Der Kunde orientiert sich immer am spezifischen Wert, den das Produkt für ihn persönlich hat.

In den meisten Fällen ist dieser Wert untrennbar mit einem „guten Gefühl" verbunden: Im Januar kam ich zufällig in einen Baumarkt. Gleich neben der Kasse war eine Reihe Schneeschippen aufgestellt, ein Schild daneben: „Besonders leise". Gut, das ist tatsächlich eine gute Idee und ein technischer Fortschritt, wenn die Nachbarn frühmorgens nicht durch das Kratzen von Aluminium auf dem Asphalt aus dem Schlaf gerissen werden. Was mich aber noch viel mehr faszinierte, waren die leuchtend grünen Griffe dieser Schippen: Ich hatte sofort den Impuls, mir eine davon zu kaufen: „Mit einem solchen Gerät macht das Schippen garantiert Spaß – und so eine auffällige Schneeschippe hat nicht jeder!" Möglicherweise findet ein anderer Kunde die Farbe abscheulich – und kauft die Schneeschaufel trotzdem, weil ihm eben der Wert „Rücksichtnahme auf die Nachbarn" wichtiger ist.

Selbst ein so einfaches Produkt wie eine Schneeschippe kann also zum einen unterschiedliche Bedürfnisse erfüllen (Geltungsbedürfnis, Rücksichtnahme auf die Nachbarn), zum anderen „gute Gefühle" auslösen: „Mit diesem Gerät habe (und damit *bin*) ich etwas Besonderes" oder „Ich bin jetzt beruhigt, dass ich die Nachbarn nicht mehr belästige, wenn ich frühmorgens schon Schnee schippe." Der persönliche Wert, den dieses Gerät für mich gehabt hätte, bestand also darin, dass ich mich damit als „rücksichtsvoll", noch stärker aber als „cool" erlebte. Dass dieser Gegenstand meinen Wunsch nach Harmonie mit den Nachbarn erfüllte. Und dass ich mir sogar vorstellen konnte, dass so etwas Lästiges wie frühmorgens Schnee zu schippen damit Spaß machen könnte!

Für einen guten Verkäufer kommt es nun entscheidend darauf an, ob er dem Kunden dazu verhelfen kann, dass dieser den spezifischen Wert, den das Produkt für ihn hat, erkennt und benennt und die für ihn damit verbundenen „guten Gefühle" schon vorab erspürt. Im besten Fall kann der Verkäufer durch sein Fachwissen, seinen Beratungsprozess und einen klugen Kaufprozess dem Kunden sogar einen Mehr-Wert seines Produktes aufzeigen, den dieser vorher für sich noch gar nicht erkannt hatte.

Tipp 34: Kunden kaufen Wert und Werte

Um was es geht:

In der Krise sind die Märkte zunehmend sensuell, das heißt, es geht nicht mehr nur um die reinen Produkte, die sind einander ähnlicher und oft schon austauschbar geworden. Immer Ausschlag gebender werden dagegen die Wünsche und Gefühle des Kunden, die sich meist implizit hinter dem Kaufwunsch verbergen.

Welche Kriterien spielen eine Rolle, wenn sich ein Kunde zum Kauf entscheidet? Oft bleiben sie unbewusst und diffus und lassen sich auf Anhieb gar nicht klar ausmachen. Beim Autokauf zum Beispiel lässt sich das gut beobachten: Entscheidend ist längst nicht mehr die reine Funktion: „Ich kaufe ein Fahrzeug, das mich zuverlässig von A nach B bringt." Sondern es sind andere Gedanken oder Faktoren, die den Ausschlag geben, zum Beispiel folgende:

- Ich kaufe einen Sportwagen, weil ich damit das Gefühl von Freiheit und schnellem Vorankommen verbinde;

- ich entscheide mich für ein Öko-Modell, weil ich dann ein gutes Umweltgewissen habe;

- ich brauche einen Kombi, weil der praktisch ist für all die Fahrten, die in einer Großfamilie anfallen;

- ich suche mir ein knallrotes Auto aus, weil ich gerne etwas Besonderes haben möchte, das mich aus der Masse heraushebt;

- ich kaufe mir eine bestimmte Marke in einer bestimmten Farbe, weil mein Kollege/Konkurrent/Vorgesetzter auch so einen Wagen hat und ich zeigen möchte, dass ich mithalten kann usw.

Hinter den meisten Kaufentscheidungen stehen also bestimmte Gefühle wie das Bedürfnis nach Ansehen, Sicherheit oder Vertrauen, oder es sind diverse Hoffnungen oder auch Ängste damit verbunden, die in vielen Fällen nicht einmal dem Kunden selbst in aller Deutlichkeit bewusst sind.

Hinzu kommt auch, dass viele Produkte „virtuell" sind, das heißt, sie sind in ihrer Gesamtheit nicht mehr sichtbar und lassen sich nicht anfassen oder unverbindlich ausprobieren. Eine neue Computersoftware, eine Urlaubsreise, eine Geldanlage, ein Beratungs- oder Coachingangebot sind nicht so unmittelbar erfahrbar wie zum Beispiel ein neues Sofa. Hier ist es die reine Vorstellung des Kunden vom zukünftigen Nutzen, von den zu erwartenden Annehmlichkeiten oder Erleichterungen, die den Ausschlag für die Kaufentscheidung geben. Der Kunde kauft also nicht unmittelbar das Produkt, sondern das, was er sich davon verspricht.

> Ein Beispiel:
>
> Angenommen, Sie wollen als Finanzberater Ihrem Kunden ein Produkt mit einem attraktiven Chancen-Risiko-Mix empfehlen. Der Kunde wird nicht den aufwändig berechneten Portfolio-Mix als solchen kaufen – sondern das Wesentliche und letztendlich Überzeugende an diesem Produkt ist die Idee, die dahinter steckt und die Sie ihm quasi mitverkaufen: „Mit dieser Anlageform haben auch Sie als Kleinanleger Zugang zu den Investment-Möglichkeiten, die sonst nur Großanleger haben."

Das bedeutet umgekehrt für Sie als Verkäufer, Sie können Ihren Kunden dabei unterstützen, sich mit allen Sinnen vorzustellen, welchen Nutzen er von einer Kaufentscheidung haben wird. Was wird er dann sehen oder hören? Welches gute Gefühl wird er anschließend in welchen Situationen erleben? Wie lässt sich die Vorfreude auf ein Erfolgserlebnis schon jetzt intensivieren und erfahrbar machen?

Gleichzeitig werden in Krisenzeiten immer häufiger auch unangenehme Gefühle des Kunden auftauchen: Ängste und Sorgen, Hilflosigkeit, auch Ärger oder Wut. Viele Berater fühlen sich hier überfordert, weil sie diesen Aspekten mit den bisher antrainierten standardisierten Beratungs-Sprachmustern nicht adäquat begegnen können. Dabei ist das Wesentliche in erster Linie, dass Sie Ihren Kunden auch mit solchen Empfindungen zunächst einmal ernst nehmen, so dass er sich verstanden fühlt und nicht abgelehnt. Hier können Sie gerade solche Geschäftsbeziehungen neu aufbauen, die durch äußere Ereignisse wie etwa die Wirtschaftskrise bzw. durch unangemessenes und kundenfeindliches Verhalten anderer Verkäufer zerstört wurden. Ein Spitzenverkäufer nutzt solche Gelegenheiten im Gespräch gerne, um ganz bewusst und aktiv die Chance zu ergreifen, dass der Kunde neues Vertrauen zu ihm als *seinem Experten* aufbauen kann.

Führen Sie Ihr Beratungsgespräch also aus der Sicht des Kunden, indem Sie ihm die passenden Denkanstöße geben, die richtigen klärenden Fragen stellen und ihn dabei unterstützen, seine bisweilen noch unklaren Empfindungen bezüglich einer anstehenden Kaufentscheidung immer spezifischer zu erkennen. Je besser Ihnen das gelingt, umso eher wird der Kunde anschließend eine Kaufentscheidung treffen, weil er sich von Ihnen verstanden fühlt.

Kurz gefasst:

Kunden kaufen keine Produkte, sondern sie kaufen das, was die Produkte für sie bewirken oder bei ihnen auslösen: gute Gefühle, Erfolgserlebnisse, Selbstbewusstsein, Stolz, Anerkennung, das Gefühl von Sicherheit usw. Verhelfen Sie Ihrem Gesprächspartner dazu, sich die gewünschten Gefühle in Verbindung mit Ihren Produkten genau vorzustellen und sie auch empfinden zu können, indem Sie Ihr Beratungsgespräch aus der Sicht des Kunden führen.

Tipp 35: Überzeugende Argumente mit der L.E.N.A.-Methode

Um was es geht:

Um den Kunden darin zu unterstützen, die gewünschten positiven Gefühle vorab zu erleben, die er mit einer Kaufentscheidung verbindet, ist es hilfreich, ihm den spezifischen Nutzen des Produktes vor Augen zu führen, der sich gerade für ihn persönlich aus dem Kauf ergeben wird.

Hier können Sie gleichzeitig eine weitere (implizite und meist nicht aus-gesprochene) Kundenfrage klären: „Was werde ich nach diesem Kauf ha-ben, was ich vorher nicht hatte?" Wohlgemerkt: Hier geht es nicht um die oft gepriesenen Produktvorteile, sondern um den bereits sehr spezifischen (subjektiven) *Nutzen*, den gerade dieser Kunde von Ihrem bestimmten Pro-dukt haben wird.

Es genügt also nicht, dass Sie Ihr Produkt oder Ihre Dienstleistung mit allen Eigenschaften und Vorteilen genau beschreiben können. Das Ent-scheidende ist, dass Sie sich wieder in Ihren Kunden hineinversetzen und dann genau die Kriterien herauskristallisieren, die für *ihn* im weitesten Sinne zu einer wie auch immer gearteten Verbesserung seiner Situation oder sogar Steigerung der Lebensqualität beitragen.

Am effektivsten geschieht das – wie weiter unten beschrieben – indem Sie im Gespräch mit Ihrem Kunden ganz gezielt die passenden Fragen stellen, die ihm dazu verhelfen, den Wert Ihres Angebots selbst zu erken-nen. Doch zunächst geht es darum, dass Sie bezüglich Ihres Produkts oder Ihrer Dienstleistung selbst ein möglichst ausführliches Bild des gesamten Nutzenspektrums erhalten und auf die hier beschriebene Weise L̲eicht und E̲legant N̲eue A̲rgumente finden:

> Anregung:
>
> Vervollständigen Sie mit der L.E.N.A.-Methode von Roland M. Löscher (am besten schriftlich) die folgenden Satzanfänge: Mein Produkt/meine Dienstleistung
>
> | | | |
> |---|---|---|
> | schafft ... | fördert ... | stärkt ... |
> | sorgt für ... | erleichtert ... | erweitert ... |
> | spart ... | bringt ein ... | ermöglicht ... |
> | verhindert ... | sichert ... | schützt vor ... |
> | befreit von ... | erhöht ... | verringert ... |
>
> Sie können diese Liste durch weitere („aktive") Begriffe ergänzen.

In meinen Firmenseminaren lasse ich diese L.E.N.A.-Nutzenlisten von allen anwesenden Verkäufern ausfüllen. Danach werden sämtliche Ar-gumente in einer Gesamtliste zusammengefasst und an alle Teilnehmer ausgegeben. Sie können sich sicher leicht vorstellen, welche Fülle an Ar-gumenten hier zusammenkommt und welche Umsatzzuwächse dadurch möglich sind. (Löscher/Geisselhart (2009), S. 32)

Nebenbei erhält die Marketingabteilung durch diese Sammlung von Nutzenaspekten wertvolle Anregungen für die Positionierung des Produkts auf der Homepage, in Präsentationen oder Mailings, auf Flyern usw.

Der Vorteil bei diesem Vorgehen ist, dass Sie auf diese Weise den konkreten Nutzen Ihres Angebotes aus den unterschiedlichen Perspektiven heraus ganz spezifisch benennen können. Und aus der Fülle Ihrer Kriterien können Sie später „leicht und elegant" diejenigen herausfiltern, die genau auf Ihren jeweiligen Gesprächspartner zutreffen und seine Bedürfnisse erfüllen.

Viele Verkäufer schildern dem Kunden zunächst die reinen Produktmerkmale oder allenfalls noch die daraus ersichtlichen Vorteile. Für den Kunden wird es aber erst dort richtig interessant, wo er erkennt, welchen spezifischen Nutzen er ganz persönlich von einem Kauf haben wird, das heißt, wenn er verstehen kann, was das Produkt für ihn bewirken wird.

Der Kunde wird zum Beispiel ein bestimmtes Auto nicht deshalb kaufen, weil es einen Gastank hat (= Merkmal) und somit das Tanken billiger wird (= Vorteil), sondern das Entscheidende ist, dass dieses Merkmal „Gastank" etwas „tut", es "verringert" nämlich die Fahrtkosten in erheblichem Maß (= spezifischer Kundennutzen: der Kunde hat mehr Geld für andere Ausgaben übrig), und das verhilft auch noch zu einem „guten Gefühl". So wird dieser Nutzen am Ende das entscheidende Argument für den Kaufabschluss sein.

Kurz gefasst:

Eruieren Sie mit der L.E.N.A.-Methode bezüglich Ihres Produktes oder Ihrer Dienstleistung Leicht und Elegant Neue Argumente, indem Sie herausfinden, was Ihr Produkt jeweils für den einzelnen Kunden „tut". So können Sie ihm statt der reinen Produktvorteile seinen persönlichen Nutzen klar und lebendig vor Augen führen und auf diese Weise die Chance auf eine Kaufentscheidung deutlich erhöhen.

Tipp 36: Kaufen in der Erlebniswelt

Um was es geht:

Eine weitere Möglichkeit, den Kundennutzen zu eruieren oder sogar gemeinsam zu evozieren, ist es, den eigentlichen Kaufprozess für den Kunden zu einem besonderen Erlebnis werden zu lassen oder mit einem in Erinnerung bleibenden (Folge-)Erlebnis zu verbinden. Nicht das Produkt ist das, was eigentlich im Vordergrund steht, sondern das Erlebnis wird dann zum zentralen Punkt des Geschehens.

Warum kaufen die meisten Menschen so gerne bei IKEA ein? Weil sie anstelle des normalerweise nüchternen und anstrengenden Möbelkaufs hier etwas erleben können: Sie spazieren statt durch Schauräume mit gestapelten Möbeln hier durch liebevoll gestaltete, komplett eingerichtete „Wohnungen". Sie suchen anschließend ihre Produkte selbst im Lager zusammen und verstauen sie – handlich verpackt – im Auto. Und schließlich werden sie ihre Möbel zuhause selbst aufbauen und damit verbunden ein Erfolgsgefühl erleben. Ein solcher Ablauf hat eine andere emotionale Wertigkeit, als wenn sich der Kunde im Möbelladen eines von vielen nebeneinander aufgebauten Regalen aussucht, das dann ein paar Tage später von zwei Möbelpackern angeliefert und ins Wohnzimmer gestellt wird ...

Frei nach dem Motto „Was der Kunde nicht erlebt hat, vermisst er nicht" machte eine bekannte Automarke im Januar dieses Jahres auch Werbung mit dem folgenden Slogan (Zitat aus der Erinnerung): „Frühstück bei Tiffany? Hm, ist zu teuer. Frühstück bei Oma und Opa? Ist zu anstrengend. Frühstück bei („Automarke")? Das ist gut, da will ich hin!" Hier wird also der Autokauf (bzw. dessen Vorlauf, das Interesse an einem Wagen, das Anschauen, möglicherweise auch das Probefahren) verbunden mit einer Tätigkeit, die im Grunde eher zum Privatleben gehört: mit dem Frühstücken. Frühstück beim Autohändler – wenn das kein besonderes Erlebnis für einen Autofan und potenziellen Kunden ist! Und möglicherweise kommen auch Besucher zum Frühstück, die eigentlich gar kein neues oder anderes Auto kaufen wollen (zumindest nicht zum jetzigen Zeitpunkt), die sich aber dann vor Ort doch für ein bestimmtes Modell interessieren und sich näher darüber informieren.

Selbst ein einfacher Vorgang wie der Abschluss eines neuen Leasingvertrags kann vom Autohändler als emotionaler Event dargestellt werden, in dessen Vordergrund das bewusste Erleben von Abschied und Neubeginn gerückt wird.

Ein Beispiel:

Der Leasingvertrag meiner Frau war abgelaufen, und sie hatte sich für ein neues Auto entschieden. Zum Zeitpunkt des Fahrzeugwechsels bekam sie folgendes Schreiben ihres Mazda-Händlers:

„Mein lieber Mazda MX 5,

das zu schreiben fällt mir jetzt nicht leicht. Aber jeder Tacho hat sein Limit, und jede Strecke hat ihr Ende, auch unsere. Und ja, es ist wahr: Ich habe mich bereits nach jemand anderem umgesehen, einem neuen Mazda.

Klar waren wir immer ein tolles Gespann, Du und ich. Haben uns gegenseitig zu Höchstleistungen angetrieben und so manchen Reifen abgefahren. Erinnerst Du Dich? Wir konnten ganz schön Gas geben, und Du hast mich nie im Regen stehen lassen.

Aber unsere Ausflüge zu zweit werden immer seltener, Du weißt es auch: Dein Kilometerstand wird nicht jünger. Aber das ist es nicht: Ich will einfach frei sein. Spüren, wie es wieder so richtig zoom-zoom macht.

Sei nicht traurig. Du wirst schnell jemand Neues finden. Wir hatten echt eine tolle Zeit. Wir bleiben Freunde, o. k.?

Deine Helga

P.S.: Meine Sachen aus dem Handschuhfach hole ich später ab. Die neue Parkscheibe kannst Du behalten, Du magst sie doch so."

In der Anlage zu diesem Schreiben befand sich ein schönes Stofftaschentuch: für die Abschiedstränen (beim Abschied vom alten Fahrzeug) und die Freudentränen (bei der Übernahme des neuen Wagens) ...

Kurz gefasst:

Verbinden Sie – soweit möglich – Ihr Produkt oder Ihre Dienstleistung mit einem Erlebnis der besonderen Art. Seien Sie kreativ, lassen Sie Ihren Interessenten etwas tun oder erleben, das ihn im Zusammenhang mit Ihrem Angebot überrascht und fasziniert, und Sie werden in seinem Gedächtnis bleiben.

Gesprächstechnik der neuen Generation

Früher war es oft so, dass die Verkäufer darin geschult wurden, Kundengespräche nach ganz bestimmten vorgegebenen Mustern zu führen. Ablauf und Inhalte wurden weitgehend standardisiert, damit das Konzept leicht multiplizierbar war.

Nach dem obligatorischen Smalltalk (über Themen wie Wetter, Politik, Nachrichtenmeldungen) kamen grundlegende Situationsfragen, die dem Verkäufer die wichtigsten Informationen über den Kunden liefern sollten, damit er auf dieser Basis überhaupt anbieten konnte. Anschließend folgten die Fragen nach dem Problem oder dem Bedarf des Kunden, und daraufhin kam – als Lösung für das geschilderte Problem – bereits die Produktpräsentation. Unweigerlich fragte der Kunde nach den Bedingungen oder brachte seine Einwände vor, was oftmals zu einem recht zähen Ringen um den Verkaufabschluss führte.

„Mit dem Einwand des Kunden beginnt der eigentliche Verkauf" war eine weit verbreitete Parole, die deutlich machte, dass es hier weniger um eine gemeinsame Entwicklung einer konstruktiven Lösung ging, sondern eher um eine Art Wettbewerb zwischen dem Kunden und dem Verkäufer. Grundsätzlich ist natürlich gegen Fragen nichts einzuwenden, im Gegenteil: Sie machen einen Großteil eines professionellen Kaufprozesses aus. Denn als Verkäufer können Sie durch kluge und geschickte Fragen den Prozess elegant und unauffällig steuern und erfahren dabei alles Wesentliche, ohne dass Sie oder Ihr Kunde in irgendeine Bedrängnis geraten.

Fünf gute Gründe für gezielte Fragen:

1. Fragen helfen zu klären, was Kunden tatsächlich konkret wollen und brauchen. Oft wissen sie nämlich nicht genau, wo das eigentliche Problem liegt und was zu dessen Lösung benötigt wird. Durch Fragen wird die Situation schnell klarer.

2. Indem Sie Fragen stellen, überlassen Sie – scheinbar – Ihrem Gesprächspartner das Terrain, gleichzeitig können Sie durch geschicktes Formulieren der Fragen bestimmte Sachverhalte ansprechen, die der Kunde anschließend ausführt. Dadurch bekommen sie für den Kunden eine höhere Relevanz, als wenn er dieselben Inhalte von Ihnen hören würde.

3. Wer fragt, der redet nicht zu viel. Die Fragen geben zwar eine Richtung vor, gleichzeitig hat der Kunde das Gefühl, Herr über das Gespräch zu sein und von Ihnen ernst genommen zu werden.

4. Durch geschicktes Fragen wird der Kernpunkt des Gesprächs schneller deutlich: Der Kunde erkennt, wo er steht und dass es „not-wendig" ist zu handeln (im Wortsinn: es gilt eine Not zu wenden).

5. Gezielte Fragen geleiten den Kunden dahin, dass er Ihr Produkt, dessen Wert und dessen Funktion als Lösung für seine Probleme selbst erkennt und das auch entsprechend ausdrückt.

Dieses Vorgehen stützt sich auf die Erkenntnis, dass Kunden heutzutage nichts mehr verkauft bekommen möchten, sondern dass sie ihre Kaufentscheidungen aktiv und bewusst selber treffen: Kunden *wollen* kaufen! Viele Kunden fürchten sich aber gleichzeitig davor, von einem Verkäufer mithilfe undurchschaubarer Tricks zu einem Kauf getrieben zu werden, den sie letztendlich in dieser Form gar nicht wollen. Daher ist es unumgänglich, aus den althergebrachten Verkaufsgesprächen Kaufprozesse zu kreieren, in denen der Kunde auch auf seiner Seite eine größtmögliche Autonomie und Gestaltbarkeit erfährt.

Im Wesentlichen kommt es darauf an, dass Sie Ihren Kunden – durch die entsprechend gezielten Fragen – dabei unterstützen, dass er selbst für sich herausfindet, welcher tiefere Nutzen eigentlich mit dem angestrebten Produkt verbunden ist. Lassen Sie ihn erkennen, was das Produkt oder die Dienstleistung für ihn „tun" und welche guten Gefühle er damit erleben wird. Machen Sie die Wirkung erfahrbar, so dass der Kunde den Wert erkennt, den dieses Produkt gerade für ihn haben wird, und schlussendlich ganz von selbst zu der Erkenntnis gelangt, dass er genau dieses Produkt zum jetzigen Zeitpunkt benötigt – dass er es *will* und kauft.

Anstelle der bisherigen Gesprächsstandards tritt nun also ein Prozess, den Sie als Verkäufer durch geschickte Fragen steuern. Dabei steht der Kunde als Mensch im Mittelpunkt und mit ihm all seine Wünsche, Bedürfnisse, aber auch Ängste, Sorgen und Zweifel. Sie vollziehen einen Perspektivenwechsel und führen das Gespräch aus der Sicht des Kunden, so dass er sich mit all seinen – bewussten und unbewussten – Gefühlen von Ihnen verstanden und gut beraten fühlt.

In vielen Fällen geht es um eine der beiden folgenden Herangehensweisen:

● Entweder Sie erfassen ganz genau die individuellen (meist noch unbewussten) Wünsche und Bedürfnisse des Kunden, zum Beispiel nach

Ansehen, Komfort oder Mobilität, und befriedigen sie durch Ihr spezifisches Angebot,

● oder Sie befreien ihn bildhaft gesprochen aus einer unangenehmen Situation, die ihm vielleicht vor dem Beratungsprozess selbst nicht so ganz klar war.

Die meisten Kunden lassen sich auf einem dieser Wege gerne unterstützen, und wenn Sie hier den richtigen Ton finden (und die richtigen Fragen stellen!), führen Sie Ihre Kunden leicht und elegant zur Kaufentscheidung, die sie aus ihrer Überzeugung heraus und voller Begeisterung für Ihr Produkt oder Ihre Dienstleistung treffen werden.

An dieser Stelle noch ein kleiner Tipp zum Thema ,Fragetechnik': Ein wesentlicher Aspekt für effektives Fragen ist – Ihr Schweigen, nachdem Sie dem Kunden eine spezifische Frage gestellt haben. Zum einen hilft Ihnen dieses Schweigen, die Antwort Ihres Kunden wirklich in Ruhe abzuwarten. Viele Verkäufer schaffen das nicht; weil sie selber die Stille nicht ertragen, reden sie einfach drauflos. Damit nehmen sie aber dem Kunden die Möglichkeit, in Ruhe nachzudenken und sich anschließend auch mit seiner Antwort gehört und angenommen zu fühlen. Zum anderen ist es oft so, dass auch dem Kunden die Pause nicht gefällt; er wird die Stille seinerseits zu unterbrechen versuchen, und oft gibt er ihnen genau dann wichtige Informationen preis, die er sonst an dieser Stelle (noch) nicht gegeben hätte.

Und noch eine kleine Anekdote zum Thema „Die *richtigen* Fragen stellen":

> Ein junger Mönch fragte seinen Abt: „Darf ich beim Beten rauchen?" Die Antwort war: „Nein!" Kurz darauf traf der junge Mönch einen alten Mönch, der beim Beten ganz genüsslich seine Pfeife rauchte. „Man soll nicht beim Beten rauchen, hat der Abt gesagt", schimpfte er. Der alte Mönch antwortete: „Wieso? Ich habe den Abt gefragt, ob ich beim Rauchen beten darf – und er hat es erlaubt."

Tipp 37: Kluge Fragen stellen

Um was es geht:

Ein gewisses Maß an Fragen ist im Kaufprozess notwendig, damit Sie – aber auch Ihr Kunde – Klarheit darüber gewinnen, was der Kernpunkt seines Anliegens ist. Gestalten Sie den Frageprozess dabei so, dass der Gesprächspartner sich nicht ausgefragt fühlt, sondern Ihr Interesse an ihm als Person, an seiner momentanen Situation und seinen Bedürfnissen spüren kann. Verhelfen Sie ihm zu neuen Erkenntnissen und ‚Aha-Erlebnissen'.

Zunächst ist es natürlich wichtig, dass Sie gemeinsam mit dem Kunden die Ausgangssituation erfassen: Sie stellen die so genannten **Situationsfragen,** zum Beispiel nach den derzeitigen Produkten oder Systemen, die in der Firma des Kunden benutzt werden, nach dem bisherigen Lieferanten usw. Auch kann es nützlich sein, schon vorab Informationen aus Abteilungen einzuholen, die unterhalb der Entscheidungsebene liegen: Wer zum Beispiel Tag für Tag in der Logistik arbeitet, hat einen anderen (wahrscheinlich pragmatischeren) Blick auf die tatsächlichen Engpässe und möglicherweise auch hilfreiche Lösungsvorschläge.

Beschaffen Sie sich also so viele Hintergrundinformationen wie möglich schon vorab, denn für den Kunden können diese Fragen schnell langweilig oder lästig werden: Er kennt die Antworten auf Ihre Situationsfragen ja schon zur Genüge und wird in vielen Fällen weder begeistert noch allzu ausführlich Auskunft geben.

Nachdem Sie nun die Ausgangssituation erfasst haben, eruieren Sie die derzeitigen Probleme, aber genauso gut auch die positiven Gegebenheiten, die aktuell vorhanden sind. Am besten interessieren Sie sich zunächst für die **Stärken** der aktuellen Situation.

Checkliste für mögliche Stärkenfragen:

● Welche Vorteile bietet Ihnen die gegenwärtige Lösung?

● Welche Ergebnisse (Umsätze ...) haben Sie bisher erzielt?

● Was waren in der Vergangenheit Ihre erfolgreichsten Strategien oder besten Einsatzmöglichkeiten?

- Was schätzen Sie an Ihrem bisherigen Lieferanten (Berater ...) am meisten?

Indem Sie zuerst nach den Stärken fragen, bringen Sie zum einen Ihre Wertschätzung zum Ausdruck für all das, was der Kunde bisher für sich erarbeitet, erreicht und an Erfolgen erlebt hat, unabhängig davon, wie schwer oder schlimm die aktuelle Situation sein mag. Wenn Sie umgekehrt damit beginnen, nach den Problemen zu fragen, kann es leicht geschehen, dass sich der Gesprächspartner kritisiert oder in die Enge getrieben fühlt.

Zum anderen tragen Stärkenfragen oftmals auch dazu bei, dass sich bei Ihrem Gesprächspartner die Klarheit erhöht bezüglich dessen, was er eigentlich will und braucht und welches der zentrale Punkt seines Anliegens ist.

Anschließend stellen Sie die **Problemfragen** und erforschen zusammen mit dem Kunden, was geschehen müsste, damit er noch attraktiver, rentabler, effizienter oder kurz: noch besser werden kann.

Checkliste für mögliche Problemfragen:

- Wie genau gestalten Sie den Vorgang XY in Ihrem Betrieb?
- Wie wirkt sich das auf die zeitlichen Abläufe aus?
- Was haben Sie bislang in ... investiert?
- Welche (negativen) Auswirkungen hat das auf ...?
- Wie reagieren Ihre Kollegen auf ... ?
- Beeinflusst das Ihre Wettbewerbssituation oder Ihr Image?

Auf diese Weise erhalten Sie eine ganze Menge wertvoller Informationen von Ihrem Gesprächspartner und gewinnen gleichzeitig ein umfassenderes Bild von der Gesamtsituation. An dieser Stelle würde es sich vom Gesprächsverlauf her anbieten, auf Ihr Produkt zu sprechen zu kommen und Ihr Angebot zu präsentieren – doch Vorsicht! Dieses Vorgehen hat zum jetzigen Zeitpunkt entscheidende Nachteile:

Wenn Sie jetzt schon Ihr Produkt vorstellen, öffnen Sie damit den Einwänden und Widerständen des Kunden Tür und Tor. Die unweigerliche Folge wäre ein verbales Hin und Her, ein Austausch von Argumenten, Begründungen und Beweisen, warum etwas nicht zu den Umständen und der Firma passt (Kunde) und warum es wahrscheinlich trotzdem sinnvoll und effektiv wäre (Verkäufer) usw. – ein Verkaufsprozess nach altem Muster. Der Abschluss? Rückt erst einmal in die Ferne; wenn es doch noch dazu kommt, ist er auf jeden Fall für beide Seiten äußerst mühsam errungen.

Bleiben Sie dagegen konsequent und respektvoll-neugierig bei Ihren Fragen, dann wird das Gespräch weiterhin elegant und fast mühelos seinen Verlauf nehmen. Und je mehr der Kunde selbst spricht (indem er auf Ihre Fragen antwortet), umso klarer wird er erkennen, wo genau die Herausforderungen liegen, was er braucht, um sie zu überwinden und wie Sie mit Ihrem Angebot zu einer effektiven Lösung beitragen können.

Mit den **Konsequenzfragen** eruieren Sie auf einer tieferen Ebene, was geschehen würde, falls jetzt weiterhin nicht gehandelt wird; Sie und Ihr Gesprächspartner erkennen die detaillierten Auswirkungen der aktuellen Situation (am besten ganz konkret in Euro messbar) und die Dringlichkeit einer Entscheidung. Je klarer Sie diese Aspekte erkennen und einordnen können, umso besser werden Sie anschließend Ihr Angebot in die Welt des Kunden hinein platzieren.

Checkliste für mögliche Konsequenzfragen:

- Welche Auswirkungen hat die momentane (problematische) Situation auf Ihren Umsatz (Ihre Kosten, Ihren Gewinn ...)?
- Schadet das Ihrer Position gegenüber den Mitanbietern?
- Welche Abteilungen Ihres Betriebs sind davon noch betroffen?
- Wie hoch ist der momentane Zeitverlust durch diese Situation?
- Welche Probleme mit Kunden sind dadurch entstanden?
- Wie hat das den Auftragsdurchlauf beeinflusst?

Aus Untersuchungen geht hervor, dass der effektivste Teil eines Verkaufsgesprächs aus solchen Fragen besteht und dass Spitzenverkäufer viermal so viele Konsequenzfragen stellen wie durchschnittliche Verkäufer. Auf diese Weise und mithilfe dieser spezifischen Fragestellungen eruieren Sie die sachliche und emotionale Welt Ihres Kunden systematisch und respektvoll; der Nutzen Ihres Produktes oder Ihrer Dienstleistung tritt passgenau zutage.

Hilfreich ist es auch, wenn Sie während eines solchen Kundengesprächs das Gesagte von Zeit zu Zeit kurz zusammenfassen.

Anregung:

Gewöhnen Sie es sich an, in gewissen Zeitabständen das Wichtigste, was der Kunde Ihnen gesagt hat, kurz zu wiederholen oder zusammenzufassen. Am besten in seiner eigenen Wortwahl, dann spürt er, dass Sie seine Sprache sprechen und wird sich umso mehr von Ihnen verstanden und akzeptiert fühlen.

Sie können das zum Beispiel folgendermaßen einleiten:

● Habe ich Sie richtig verstanden: wenn … eintritt, fürchten Sie …?
● Ist das so richtig: Sie haben …?
● Ich möchte hier kurz zusammenfassen: Sie sagten …
● Wenn ich Sie recht verstehe, dann wird hier … usw.

Im Folgenden finden Sie noch einen beispielhaften Überblick über die Anwendung der verschiedenen Fragetypen.

Kurz gefasst:

Gerade im Verkauf von hochwertigen oder virtuellen Produkten und Dienstleistungen ist es unverzichtbar, die Welt des Kunden zunächst so genau wie möglich kennen zu lernen. Durch geschicktes Fragen können Sie es ihm gleichzeitig ermöglichen, dass er seine Ausgangsposition genauso wie den eigentlichen Bedarf noch spezifischer erkennt und so dem, was er tatsächlich sucht und braucht, mit Ihrer Hilfe immer näher kommt. Sie verhelfen ihm zu Klarheit und neuen Aha-Erlebnissen – im besten Fall ist Ihre Beratung so wertvoll, dass der Kunde schon alleine für Ihren Besuch bezahlen würde.

Überblick über die verschiedenen Fragetypen

Beispiel/Ausgangssituation: Der Kunde hat Interesse an einem CNC-Bearbeitungszentrum.

1. Situationsfragen:
„Wie lange haben Sie Ihre alte Maschine schon in Betrieb?"
„Für welche speziellen Tätigkeiten?" „Arbeiten Sie im 3-Schicht-Betrieb?"
„Sie möchten modernisieren?"

2. Stärkenfragen:
„Wie zufrieden sind Sie mit Ihrem aktuellen Bearbeitungszentrum?"
„Welche Vorteile bietet Ihnen die gegenwärtige Lösung?"
„Was waren bislang Ihre wichtigsten Einsatzmöglichkeiten?"

3. Problemfragen:
„Welche Probleme haben Sie mit der bisherigen Maschine?"
„Wie wirkt sich das für Sie aus?"

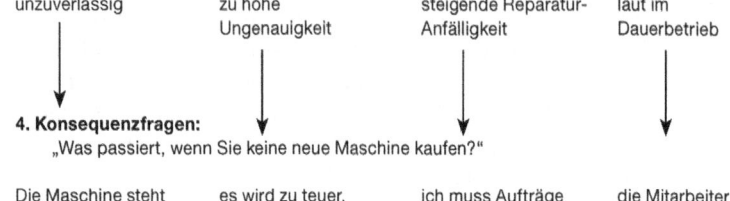

unzuverlässig   zu hohe   steigende Reparatur-   laut im
                   Ungenauigkeit   Anfälligkeit   Dauerbetrieb

4. Konsequenzfragen:
„Was passiert, wenn Sie keine neue Maschine kaufen?"

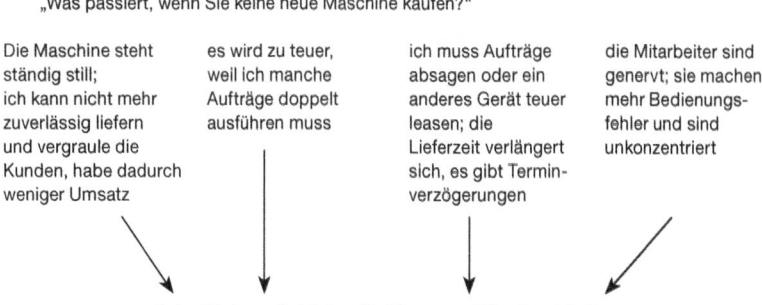

Die Maschine steht   es wird zu teuer,   ich muss Aufträge   die Mitarbeiter sind
ständig still;   weil ich manche   absagen oder ein   genervt; sie machen
ich kann nicht mehr   Aufträge doppelt   anderes Gerät teuer   mehr Bedienungs-
zuverlässig liefern   ausführen muss   leasen; die   fehler und sind
und vergraule die   Lieferzeit verlängert unkonzentriert
Kunden, habe dadurch   sich, es gibt Termin-
weniger Umsatz   verzögerungen

all das führt zu erheblichen Problemen und Gewinneinbußen.

5. Wertfragen:
„Inwiefern wird Ihnen ein neues Bearbeitungszentrum von Nutzen sein?"
„Welche Einsparpotenziale sehen Sie (an Zeit, Kosten, Arbeitskraft, sonstigen Ressourcen)?"
„Wie wird sich das auf Ihre Mitarbeiter auswirken"

Ich kann meinen   Ich habe keinen   Ich vermeide   weniger Fehler,
Kundenstamm halten   Materialausschuss   Reparaturkosten   weniger Krank-
und zuverlässig   mehr durch   und kann meine   meldungen wegen
liefern.   ungenaue   Mitarbeiter   Stress und Hör-
                      Produktion   auslasten.   schäden.

Ich kann den gewohnt hohen Standard halten und meinen Betrieb erfolgreich weiter führen.

Tipp 38: Wert und Werte überzeugend vermitteln

> **Um was es geht:**
>
> Nachdem Sie gemeinsam mit dem Kunden seine Bedürfnisse eruiert haben, kommen Sie nun zu einer zentralen Phase im Beratungsgespräch, während der es sich absolut auszahlt, wenn Sie das Gespräch konsequent aus der Sicht Ihres Kunden führen. Führen Sie ihm vor Augen, welchen Nutzen (oder Wert) er haben wird, wenn er sich für Ihr Angebot entscheidet, und welche guten Gefühle das mit sich bringt.

Greifen Sie jetzt zurück auf Ihre L.E.N.A.-Nutzenliste und suchen Sie genau diejenigen Punkte heraus, die sich auf all die wertvollen Informationen beziehen, die Ihr Kunde Ihnen auf Ihre Konsequenzfragen hin beschrieben hat. Präsentieren Sie den Nutzen und den Wert, den Ihr Angebot für Ihren Gesprächspartner haben wird und lassen Sie ihn selbst erkennen, wie gut er sich anschließend mit dieser Lösung fühlen wird.

> **Anregung:**
>
> Beziehen Sie Ihren Kunden in diese Zukunftsvisionen mit ein und lassen Sie ihn die zu erwartenden Vorteile mit all seinen Sinnen vorab erleben. Beschreiben Sie die Situation in der Gegenwart – ganz so, als ob es sich um einen bereits eingetretenen Zustand handelt:
>
> ● Regen Sie an, dass Ihr Gesprächspartner in seiner Vorstellung bereits sieht, wie Ihr Produkt seine Probleme löst;
>
> ● lassen Sie ihn in seiner Fantasie hören, was andere (Kunden, Kollegen, Vorgesetzte, Freunde...) zu seiner Entscheidung sagen werden,
>
> ● fragen Sie ihn, wie sich das anfühlt, wenn alle Engpässe beseitigt, die Schwierigkeiten aufgelöst, die Zukunftspläne abgesichert sind (oder was eben seine Bedürfnisse waren).

Als Gegenpol zu dieser positiven Zukunftsvision können Sie Ihrem Kunden auch vor Augen führen, welche Konsequenzen ein Nicht-Handeln mit sich brächte. Gerade in Krisenzeiten neigen viele Menschen dazu, Investitionen lieber erst einmal zurückzustellen und abzuwarten, wie die Entwicklung weitergeht, was aber langfristig noch viel härtere Folgen haben kann als nur die momentan ersichtlichen.

Ein Beispiel:

Herr B. aus München hat 150.000 Euro geerbt und überlegt sich, ob er das Geld in eine Eigentumswohnung investieren soll. Diese wäre nach zehn Jahren bereits abbezahlt, und er könnte den Rest seines Lebens mietfrei wohnen. Von den Vorteilen ist er überzeugt, dennoch zögert er noch mit der Entscheidung: Für ihn ist das eine ungewohnt große Investition. Als Berater können Sie ihn jetzt danach fragen, auf was er in zehn Jahren wird verzichten müssen, wenn er es vorzieht, weiterhin in einer Mietwohnung zu bleiben. Lassen Sie ihn sich selbst ausmalen, welche Auswirkungen diese Zahlen in der Realität für ihn und seine Familie haben werden: 1.400 Euro weniger zur Verfügung zu haben, kann bedeuten, auf den Zweitwagen der Ehefrau zu verzichten oder den jährlichen zusätzlichen Schiurlaub zu streichen ... Führen Sie ihm die konkreten Zahlen auch in einem Schaubild vor Augen, zum Beispiel (vereinfacht dargestellt) wie folgt:

monatliches Nettoeinkommen	**3.600,00 €**	
	aktuell	in 10 Jahren
Beibehalten der jetzigen Situation:		
Kaltmiete	1.200,00 €	1.400,00 €
verbleibendes Einkommen	2.400,00 €	**2.200,00 €**
Alternative: Kauf der ETW:		
Kreditrate für ETW	1.220,00 €	0,00 €
verbleibendes Einkommen	2.380,00 €	**3.600,00 €**

monatlicher Unterschied
nach Abzahlung des Kredits

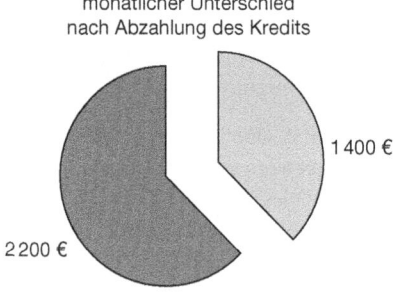

1 400 €

2 200 €

Durch eine solche bildhafte Vorstellung führen Sie den Kunden – zu seinem Vorteil! – in eine Entscheidungssituation: Er kann sich genau vorstellen, wie gut es ihm gehen wird, wenn er den Kaufabschluss tätigt; gleichzeitig kann er auch die negativen Konsequenzen eines Nicht-Handelns empfinden. Unter Umständen liegt hierin sogar die größere Motivation: Viele Menschen sind von Grund aus eher darauf bedacht, Schmerzen jeglicher Art zu vermeiden, als darauf, Lust zu gewinnen. Verhelfen Sie Ihrem Kunden in einer solchen Situation durch Ihren Respekt und Ihr Einfühlungsvermögen zu einer guten Entscheidung.

Der unmittelbare Schmerz liegt allerdings meist darin, überhaupt etwas zu entscheiden und zu investieren: Gerade in Krisenzeiten, wenn Gegenwart und Zukunft eher als unsicher oder gar bedrohlich erlebt werden, sehen viele Menschen nicht nur große, sondern auch schon kleine Investitionen als immense Geldausgabe an, die einer ähnlich umfangreichen äußeren und inneren Klärung bedarf wie sonst die großen Entscheidungen. Man fürchtet Einwände oder Kritik, oder man hat möglicherweise Angst davor eine Fehlentscheidung zu treffen und hinterher dafür gerade stehen zu müssen.

Hier können Sie die Perspektive des Kunden erweitern und ihm vor Augen führen, welchen Schmerz er haben wird, falls er sich nicht für den Kauf entscheidet – auf was er verzichtet, was er versäumt, was andere dann ohne ihn realisieren könnten. Und Sie zeigen ihm auch, wie sein Schmerz vermieden wird: durch den Kauf Ihres Produktes/Ihrer Dienstleistung.

Sie erinnern sich: Ihr Produkt verhindert … sichert … schützt vor … befreit von … usw. Beziehen Sie auch an dieser Stelle wieder Ihren Kunden mit ein und stellen Sie ihm die **Wertfragen**: Fragen Sie ihn, welchen Wert Ihr Angebot – nach all dem, was er zuvor selbst ausgeführt hat – für ihn und sein Unternehmen hat. So wird er sich den Nutzen selbst erklären, was ihm eine größere innere Sicherheit verschafft und sein Verlangen weckt. Er selbst sucht sich die Argumente für einen späteren Kaufabschluss zusammen und verdeutlicht sich währenddessen noch einmal all die Vorteile und Nutzenaspekte, die das zur Disposition stehende Angebot für ihn bietet.

Lassen Sie ihn diese Fragen ganz in Ruhe selbst beantworten und versuchen Sie nicht, ihm zu erklären, was Ihr Produkt alles für ihn leisten kann: Oftmals sind die Argumente und Sichtweisen anderer Menschen nicht vorhersehbar; selbst der beste Verkäufer kann sich niemals zu 100 Prozent in einen anderen Menschen hineinversetzen. Deshalb ist es wichtig, dass Sie die diesbezüglichen Ansichten und aktuellen Wertvorstellungen *Ihres Kunden* genau eruieren:

Checkliste für mögliche Wertfragen:

- Inwiefern wird Ihnen ... von Nutzen sein?
- Wo sehen Sie damit welches Einsparpotenzial (an Zeit, Kosten, Arbeitskraft, sonstigen Ressourcen...)?
- Was können Sie mit der Ersparnis anfangen?
- Wie wird sich das auswirken auf ...? usw.

Indem der Kunde diese Fragen beantwortet, verdeutlicht er sich all die Vorteile, die er mit dem Kaufabschluss gewinnen wird. Aller Erfahrung nach sinkt damit gleichzeitig das Risiko, dass er anschließend noch viele Einwände vorbringen wird; gegen die Argumente, die er selbst anführt, wird er wohl kaum angehen: Das wäre etwas anderes, wenn Sie ihm das Produkt angepriesen hätten – aber das haben Sie ja auf diese Weise leicht und elegant vermieden ... Ein Kunde widerspricht möglicherweise Ihnen – aber selten sich selbst!

Kurz gefasst:

Nachdem Sie – so kurz und prägnant wie möglich – beschrieben haben, was Ihr Produkt für den Kunden „tut", lassen Sie ihn sich vorstellen und erklären, wie es in allen Details für ihn sein wird wenn er a) den Kaufabschluss tätigt oder b) zum jetzigen Zeitpunkt darauf verzichtet. Fragen Sie ihn nach dem Wert, den Ihr Angebot für ihn hat, so dass er sich dessen Nutzen und die positiven Konsequenzen selbst erklärt.

Tipp 39: Kunden *wollen* kaufen!

Um was es geht:

Auch wenn ein Kaufprozess ohne größere Komplikationen oder Einschränkungen gut verläuft, kann es vorkommen, dass dem Kunden zum Schluss noch Fragen oder (Gegen-)Argumente einfallen, die für ihn noch nicht abschließend geklärt sind. Wiegeln Sie ihn damit nicht ab, sondern nehmen Sie ihn ernst. Jeder Einwand des Kunden signalisiert letztendlich sein Kaufinteresse – wäre das nicht grundlegend vorhanden, würde er sich um Vor- und Nachteile, Pro und Kontra gar nicht kümmern.

Wenn der Kunde einen Einwand hat, dann gibt es dafür im Hintergrund immer auch einen Grund oder eine (alte) schlechte Erfahrung. Hier ist es wichtig, dass Sie nicht anfangen, um den Abschluss zu kämpfen, sondern dass Sie Ihren Gesprächspartner ernst nehmen und sich für das dahinter liegende Motiv interessieren. Sehen Sie in jedem Einwand eine Ressource, einen Hinweis auf einen Aspekt des zurückliegenden Gesprächs, der offensichtlich noch nicht zufrieden stellend geklärt ist – und holen Sie genau das nach.

Und selbst wenn schließlich alle Einwände beseitigt sind und das Produkt eigentlich zu 100 Prozent passt, kann es vorkommen, dass der Kunde noch immer zögert und sich mit der letztendlichen Kaufentscheidung Zeit lässt. Jetzt kommt es darauf an, dass Sie ihn – bildlich gesprochen – an die Hand nehmen und zum Kaufabschluss führen.

Ein Beispiel:

> „Ich sehe, Herr Z., Sie können sich noch nicht entscheiden. Was macht Ihnen diesen Schritt schwer?"

Oder: „Was brauchen Sie noch, damit Sie sich für diese Lösung entscheiden können?"

Fast jeder Kunde wird irgendwann eine Bemerkung darüber machen, dass der Preis zu hoch sei, seine innere Waage mit den Gewichten Preis und Wert ist aus dem Lot. Bereiten Sie sich innerlich darauf vor: Bleiben Sie ruhig und fragen Sie den Kunden, was sein Referenzrahmen für diese Aussage ist. Erscheint ihm der Preis zu hoch im Vergleich zum Mitbewerber, in Relation zu seinem momentanen Budget oder im Hinblick auf den zu erwartenden Nutzen?

Anregung:

> Stimmen Sie ihm zunächst einmal zu: „Sie haben recht: Das ist eine große Investition." Dann nehmen Sie Bezug auf die Nutzenargumente, die der Kunde (!) vorher im Gespräch selbst aufgeführt hat: „Entscheidend ist letzten Endes, was Sie für diese Investition bekommen. Lassen Sie uns deshalb noch einmal gemeinsam sehen, was Ihnen dieses Produkt/diese Dienstleistung einbringen wird und in welch kurzem Zeitraum sie sich amortisieren wird." Achten Sie darauf, dass Sie keine Sätze verwenden, die Ihr Produkt verteidigen, wie z. B. „Unser ... ist aber ..." oder „dafür haben Sie bei uns den Vorteil ...". Formulieren Sie

besser so, dass der Kunde sich direkt angesprochen fühlt: „Sie erzielen / erreichen / gewinnen/ sparen / verhindern dadurch..." Das heißt, Sie greifen an dieser Stelle auf die Argumente aus der L.E.N.A.-Nutzen-Liste zurück, am besten auf die Punkte, die der Kunde im Gespräch zuvor selbst genannt hat. Auch die Begriffe „teuer" und „billig" lassen sich leicht und elegant ersetzen durch „hochwertig" und „günstig".

Darüber hinaus sind Spitzenverkäufer auf die häufigsten Einwände oder Gegenargumente ihrer Kunden innerlich bestens vorbereitet. Im Laufe der Zeit werden es mehr oder weniger dieselben sein, die immer wieder auftauchen: Der Preis ist zu hoch, die Lieferzeit zu lang, der Mitanbieter ist günstiger usw.

Im besten Fall gelingt es Ihnen schon vorab, wenn es um den Nutzen für den Kunden und die Konsequenzen des Handelns oder Nicht-Handelns geht, die Fragen (Sie erinnern sich: Konsequenz- und Wertfragen) so klug zu stellen, dass der Kunde bei seiner Antwort die zu erwartenden Einwände bereits selbst entkräftet – jetzt gilt es für Sie, ihn an seine eigenen Antworten zu erinnern. Oder Sie schildern im Rahmen der Präsentation Ihres Angebotes eindrückliche Beispiele, die genau solche vermuteten Gegenargumente von vornherein verblassen lassen, so dass sie dem Kunden gar nicht erst einfallen.

Manche Kunden signalisieren schließlich ganz klar, wann sie eine Beratung für beendet halten und zum Kaufabschluss übergehen möchten. Diese Anzeichen sollten Sie erkennen und, vor allem wenn sie in Kombination auftreten, entsprechend reagieren:

● Der Kunde stellt eindeutige Fragen, z. B. nach dem Preis: „Wie viel würde das kosten?"

● Der Kunde drückt seine Zustimmung klar aus: „Ich bin ganz Ihrer Meinung." Oder „Darin stimme ich Ihnen absolut zu."

● Der Kunde fragt nach Einzelheiten, die erst nach dem Kaufabschluss relevant werden: „Kann ich die Investitionssumme in drei Jahren noch erhöhen?" oder „Wann ist denn die erste Wartung fällig?"

● Der Kunde nickt mehrfach hintereinander zustimmend mit dem Kopf.

● Der Kunde setzt sich anders hin, kommt Ihnen näher, rückt mit dem Oberkörper nach vorne, verringert die Distanz zwischen Ihnen.

Wenn Sie diese Anzeichen wahrnehmen, zögern Sie nicht und gehen Sie konsequent zum Kaufabschluss über. So viel Verkäuferglück werden Sie natürlich nicht immer haben. Bisweilen wird es auch vorkommen, dass ein Kunde nach Klärung sämtlicher Einwände „eigentlich" kaufen will und trotzdem noch immer zögert – vor allem wenn Sie es mit Profi-Einkäufern zu tun haben. Ein solches Zögern kann sich zum Beispiel darin ausdrücken, dass er jetzt noch versucht, den Liefertermin zu beschleunigen, Rabatte auszuhandeln oder dass er plötzlich noch Sonderwünsche äußert. In einem solchen Fall eruieren Sie zunächst, ob er ein tatsächliches Kaufinteresse hat. Fragen Sie Ihren Kunden ganz direkt nach seiner Kaufabsicht, zum Beispiel wie folgt: „Nehmen wir an, Herr K., ich könnte Ihnen das tatsächlich anbieten oder ermöglichen – kommen wir dann miteinander ins Geschäft?" oder „... werden Sie den Kauf dann abschließen?"

Im schlimmsten Fall stellt sich hier heraus, dass der Kunde nun doch nicht kaufen will, dann ist es für Sie gut, diesen Zeitpunkt nicht zu verpassen. In den meisten Fällen geht es aber eher darum, dass der eine oder andere wichtige Aspekt aus der Bedarfsermittlung noch nicht genügend geklärt wurde. Kehren Sie dann noch einmal zurück zu den Bedarfs- und zu den Konsequenzfragen und gehen Sie den Dingen auf den Grund.

Denken Sie auch daran, dass sich Kunden in den meisten Fällen nicht gleich während eines Beratungstermins zu einem Kauf entschließen; oft können oder dürfen sie das auch nicht, weil andere Stellen oder Personen mit entscheiden müssen. Prüfen Sie selbst, ob es sinnvoll ist, wenn Sie (ähnlich wie beim 3-Minuten-Klärungs- oder Service-Anruf) zwischen zwei vereinbarten Terminen kurz beim Kunden anrufen und dadurch sich und Ihr Produkt zwischendurch in seinem Bewusstsein verankern.

Machen Sie sich auch immer wieder klar: Letztendlich *wollen* Kunden kaufen. Vorausgesetzt, das Produkt entspricht genau ihren Bedürfnissen und erfüllt die sonstigen Bedingungen (im Idealfall übertrifft es sogar ihre Erwartungen!) – und all das haben Sie ja bereits im Vorfeld mit dem Kunden zusammen gründlich abgeklärt. Im einen oder anderen Fall ist es dann hilfreich, dass Sie den Kunden zum letzten Schritt an die Hand nehmen und ihm helfen die letzte innere Hürde zu überspringen.

Ein Beispiel:

Der Immobilienmakler Joachim Heinke von der Heinke Immobilien GmbH in Friedrichshafen beschreibt die folgende Erfahrung: „Ein Ehepaar, das in wenigen Jahren ins Rentenalter kommt, war auf der Suche nach einer schönen Immobilie am Bodensee. Sie vereinbarten einen ersten Besichtigungstermin und waren von der Lage des Objektes in

Seenähe sehr begeistert. Das Gespräch war außerordentlich angenehm und die Kunden waren sehr sympathisch. Es folgte ein zweiter Termin (an einem Freitag) mit dem Architekten, alle Fragen wurden beantwortet und die Kaufbereitschaft und Vorfreude waren spürbar. Zum Schluss wurde eine Kaufentscheidung getroffen und alles schien für mich und für die beiden Käufer geklärt zu sein. In der kommenden Woche sollten dann weitere Punkte der Kaufabwicklung besprochen werden.

Am Montagmorgen bekam ich eine kurze Nachricht, in der sich die Interessenten für die freundliche Beratung bedankten und mir mitteilten, dass sie aus persönlichen Gründen von diesem Haus Abstand nehmen. Ich war tief getroffen; mein erster Gedanke war, den Kunden anzurufen und ihm meine Verärgerung mitzuteilen oder ihm eine entsprechende Mail zu schreiben. Doch nach einer kleinen Weile beschloss ich, erst einmal freundlich nachzufragen, was denn mittlerweile geschehen sei, dass er ‚aus persönlichen Gründen' dieses Haus nun doch nicht kaufen wolle; ich schrieb unter anderem, dass dieses Haus nach meinem Eindruck doch genau ihr ‚Wohlfühl-Haus' gewesen sei und dass ich ihre plötzliche Absage gerne verstehen wolle.

Das war der richtige Weg: Es stellte sich heraus, dass die Frau am Wochenende eine gewisse Kaufangst entwickelt hatte und verunsichert war bezüglich des anstehenden Wohnortwechsels; als Folge davon wurde mir kurzerhand abgesagt. Nachdem sie nun mein empathisches Schreiben erhalten hatten, setzte sich der Kunde sofort mit mir in Verbindung. Wir konnten über die Unsicherheiten seiner Frau sprechen und ihre Sorgen auflösen. Zwei Tage später teilte mir der Ehemann mit, dass er das Haus doch gerne kaufen würde, sofern ich noch bereit sei, es ihm zu verkaufen. Wenn ich ihm primär über meinen Frust geschrieben hätte, hätte ich die Chance verpasst, einen äußerst zufriedenen Kunden zu gewinnen ..."

(Profi-Verkäufer, die eine gute Beziehung zum Kunden aufgebaut haben, haben in solchen Situationen auch schon gute Erfahrungen gemacht mit einer ‚persönlichen' Empfehlung: „Wenn ich Ihr Bruder wäre, würde ich sagen: Greif zu! So etwas findest du so schnell nicht noch einmal!")

Schließlich haben Sie also mit Ihrem Kunden den Abschlusstermin vereinbart; Sie haben natürlich vorab seine Bonität eruiert und die Bezahlungsmodalitäten mit ihm geklärt. Sie sitzen Ihrem Kunden gegenüber, der Kaufvertrag liegt auf dem Tisch. Führen Sie ihn nun elegant zur Unterschrift: „Herr K., wir können nun zum Abschluss kommen. Haben Sie noch Fragen zum Vertrag? Nein? Dann unterschreiben Sie bitte hier. Ich gratuliere Ihnen zu dieser guten Entscheidung."

Anregung:

An dieser Stelle möchten wir Ihnen empfehlen, den Kunden – nachdem er den Kaufvertrag unterschrieben hat – unbedingt danach zu fragen, welches *seine* drei wichtigsten Gründe für den Abschluss waren. Welche Information, welches Argument aus der Vielzahl der zur Sprache gebrachten Aspekte hat für ihn den Ausschlag gegeben? Diese Frage erfüllt gleich drei wichtige Funktionen im Kaufprozess:

1. Sie bringen den Fokus noch einmal ganz gezielt auf die zu erwartenden Vorteile für den Kunden und festigen so die von ihm damit verbundenen guten Gefühle;

2. der Kunde kann selbst noch einmal seine wichtigsten Kaufargumente reflektieren und hat sie dadurch präsent, falls er von anderen danach gefragt werden sollte,

3. Sie erhalten wichtige Informationen darüber, welches aus Kundensicht die ausschlaggebenden Nutzen- und Kaufargumente Ihres Angebots sind; das ist sehr wertvoll für die Produktentwicklung und das Marketing Ihrer Firma.

Gleichzeitig beugen Sie damit auch der möglicherweise zu einem späteren Zeitpunkt einsetzenden Kaufreue vor: Sie lenken das Gespräch zum Schluss ganz gezielt auf gute Gründe und gute Gefühle, und das bleibt dem Kunden auch im emotionalen Gedächtnis haften, so dass er gegen Nachfragen oder Kritik bezüglich seiner Kaufentscheidung (oder genauso gut auch gegen Angebote der Konkurrenz) innerlich bestens gerüstet ist.

Kurz gefasst:

Nutzen Sie die (möglichen) Einwände Ihres Kunden als Ressourcen, die Ihnen aufzeigen, an welcher Stelle die Argumentation noch einer klareren Struktur und inhaltlichen Vertiefung bedarf. Führen Sie dann nach Abklärung aller wichtigen Fragen souverän zum Abschluss und beugen Sie der Kaufreue auf Seiten Ihres Kunden vor, indem Sie ihm seine wichtigsten Kaufgründe in Erinnerung rufen.

„Psycho-logische" Aspekte

Was Sie eben im Kapitel über Gesprächstechnik erfahren haben, lässt sich noch vertiefen auf der menschlich-persönlichen Ebene. Denn je eher die Chemie zwischen Ihnen und Ihrem Kunden stimmt, umso schneller wächst sein Vertrauen in Ihre Kompetenz und Seriosität und umso wahrscheinlicher ist es, dass aus der Begegnung eine – im besten Fall länger andauernde – Geschäftsbeziehung erwächst.

In diesem Bereich geht es nicht mehr nur um logische Zusammenhänge und gut durchdachte und begründete Argumentationen, sondern hier spielen oft auch „psycho-logische" Aspekte, diffuse Gefühle und Emotionen eine Rolle. Im persönlichen Gespräch mit dem Kunden kommt es auf Einfühlungsvermögen und Verständnis an. Doch oft ist es gar nicht so leicht, einen anderen Menschen wirklich zu verstehen: Vieles vom dem, was er denkt, wie er denkt und wie er sein Erleben verarbeitet und interpretiert, ist uns zunächst einmal fremd.

Sie kennen das sicher: Sie haben mit Ihrem Partner/Ihrer Partnerin zusammen eine bestimmte Situation erlebt, und ein paar Tage später wollen Sie Ihren Freunden davon erzählen: In den meisten Fällen haben Sie völlig unterschiedliche Details abgespeichert und schildern die Situation aus ganz verschiedenen Blickwinkeln. Was für den einen wichtig und prägnant war, hat der andere übersehen und umgekehrt. Das heißt, um einen anderen Menschen besser zu verstehen, sollte man die Welt mit seinen Augen betrachten oder – wie es in einer indianischen Weisheit so schön heißt – „einen Tag in seinen Mokassins gehen".

Warum ist dieser Perspektivenwechsel so hilfreich? Nun – jeder Mensch erlebt, bewertet und reagiert anders. Und jeder Mensch macht selbst in ein und derselben Situation unterschiedliche Erfahrungen, nimmt die Eindrücke von außen unterschiedlich wahr. Je mehr Sie nun vom inneren Erleben Ihres Kunden verstehen und sich in ihn hineinversetzen können, umso leichter können Sie seine Reaktionen einschätzen und damit umgehen.

Tipp 40: Stellen Sie den Kunden als Menschen in den Mittelpunkt

> Um was es geht:
>
> Jeder Mensch – Ihr Kunde genauso wie Sie selbst – wünscht sich Achtsamkeit, Anerkennung und Verständnis. Zeigen Sie ihm, dass Sie auf seiner Wellenlänge sind, dass Sie ihn nicht in erster Linie als potenziellen Käufer sehen, sondern dass Sie auch Interesse an ihm als Person haben.

Versuchen Sie – wie auf einer Forschungsreise – herauszufinden, wie Ihr Kunde die Welt erlebt: Ist er eher Optimist oder eher Pessimist? Sieht er leichter die Probleme oder eben doch die Chancen? Ist er freundlich oder misstrauisch? Erzählt er von sich aus über seine Firma, seinen Arbeitsplatz, seine Tätigkeit? Berichtet er von früheren Erfahrungen, Erfolgen oder Enttäuschungen? Oder müssen Sie ihm mühsam jeden Satz abringen?

Darüber hinaus ist es oftmals hilfreich, wenn Sie nicht nur darauf achten, *was* Ihr Gesprächspartner sagt, sondern auch darauf, *wie* er es beschreibt, das heißt, in welchem Sinneskanal er seine Umwelt wahrnimmt. Grundsätzlich erleben wir unsere Umgebung über unsere fünf Sinne: Wir sehen, hören, fühlen, schmecken und riechen, was um uns herum geschieht. Und je nachdem, welcher dieser Sinneskanäle besonders ausgeprägt ist, werden auch Informationen unterschiedlich verarbeitet: Der Kunde macht sich ein inneres Bild davon, wie es *aussehen* wird, wenn er Ihr Produkt gekauft hat, oder er *hört* seinen Vorgesetzten einen Kommentar dazu abgeben; er stellt sich vor, wie er sich in zwei Wochen mit dieser Entscheidung *fühlen* wird oder wie sie dem Kollegen „*schmeckt*". (Bei den meisten Menschen erfolgt die Wahrnehmung hauptsächlich über das Sehen, Hören oder Fühlen.)

Entsprechend einer solchen Prägung benutzen wir in unserer Sprache auch verstärkt die dazu passenden Ausdrücke:

- Ein visuell orientierter Mensch wird Begriffe verwenden wie zum Beispiel Aspekt, Blickwinkel, Sicht oder Bild, anschaulich, offensichtlich oder deutlich, aufzeigen, ausmalen, einsehen usw..

- Bei einem auditiv geprägten Menschen geht es oftmals um Ton, Klang, Harmonie; er wird Vorgänge abstimmen, Absprachen zitieren, etwas noch im Ohr haben oder ein Angebot klingt bei ihm noch nach.

- Ein kinästhetisch veranlagter Mensch wird dagegen eher etwas erleben, einbinden, erfüllen, begreifen, Ideen an- oder aufnehmen, von Schwere, Leichtigkeit oder Spannung sprechen.

Wenn Sie mit etwas Konzentration auf die Sprache Ihres Kunden achten, werden Sie bald feststellen, auf welchem Sinneskanal er zuhause ist. Nutzen Sie diese Erkenntnis und sprechen Sie seine Sprache: er wird es (unbewusst) *erkennen* oder *heraushören* oder *spüren*, dass Sie mit ihm auf einer Wellenlänge sind.

Kurz gefasst:

Nutzen Sie den Haupt-Sinneskanal Ihres Kunden für eine effektive und konstruktive Kommunikation auf gleicher Wellenlänge.

Tipp 41: Entschlüsseln Sie den Denken-Fühlen-Handeln-Code

Um was es geht:

Werden Sie immer mehr zum Kunden-Versteher! Machen Sie sich die Mühe und betrachten Sie Ihren Kunden mit wohlwollender Neugier: Was für ein Mensch ist er? Wie reagiert er? Wie denkt er, wie fühlt und wie entscheidet er? Wenn es Ihnen gelingt, *seine* Sicht der Dinge zu verstehen, haben Sie die optimale Ausgangsposition für Ihr Beratungs- oder Verkaufsgespräch.

Ein erfolgreicher Verkäufer weiß, wie Menschen denken, fühlen, entscheiden und handeln – oder was all das verhindert. Von den elf Millionen Sinneseindrücken, die wir in jeder Sekunde (!) aufnehmen, gelangen lediglich etwa 40 in unser Bewusstsein (und davon nehmen wir nur einen Bruchteil auch tatsächlich wahr). Der Rest wird unbewusst verarbeitet: Die Reize treffen im Gehirn auf frühere Erfahrungen, Annahmen und Interpretationen, die mit Gefühlen verbunden sind, und lösen so einen inneren Zustand aus. Aus diesem Zustand resultiert eine Reaktion auf den aktuellen Reiz, und diese Reaktion führt dann zu einem mehr oder weniger erwünschten Ergebnis.

Diese Art der unbewussten Verarbeitung kann nun bei Ihrem Kunden dazu führen, dass ein bestimmter Reiz, wenn er wiederholt auftritt, im Laufe der

Zeit eine Art innere Realität kreiert: er glaubt dann, dass eine bestimmte Interpretation und der damit verbundene innere Zustand *die* Wahrheit und an dieser Stelle kein anderes Erleben möglich ist. Auf diese Weise setzt er sich innerlich Grenzen, die unweigerlich früher oder später auch im Außen ihre Konsequenzen haben: Seine eingefahrene Sicht der Dinge verhindert, dass er eine kreative Lösung findet.

Ein Beispiel:

Ich war vor einiger Zeit zu einem Vortrag der Industrie- und Handelskammer eingeladen. In der Reihe hinter mir saßen zwei Teilnehmer, die ständig miteinander flüsterten. Mit der Zeit war das für mich immer schwerer zu ertragen; meine Konzentration auf den Referenten ließ nach, und ich begann mich zu ärgern. Gerade hatte ich beschlossen, die beiden in der Pause auf ihr aus meiner Sicht unhöfliches Verhalten anzusprechen, als der Referent den ersten Teil seines Vortrags beendete und hinzufügte: „Übrigens darf ich heute noch einen Gast aus Spanien begrüßen: Frau L. kommt von der dortigen Handelskammer, und Herr P., der neben ihr sitzt, hat sich freundlicherweise bereit erklärt, ihr die wichtigsten Punkte meines Vortrags simultan zu übersetzen." Es handelte sich um die beiden „Flüsterer", die in der Reihe hinter mir saßen …

Durch diese Erklärung eröffnete sich mir sofort eine neue Sicht der Dinge: Ich betrachtete die beiden nicht mehr als unhöfliche Zeitgenossen, sondern konnte für diese Geräuschkulisse Verständnis aufbringen. Darüber hinaus versetzte mich diese neue Sicht auch in die Lage, für mich selbst nun eine gute Entscheidung zu treffen: Wollte ich für die zweite Hälfte des Vortrags am gleichen Platz sitzen bleiben und das Flüstern in Kauf nehmen, oder wollte ich mir lieber einen anderen Platz aussuchen, wo ich den Ausführungen des Referenten ungestört folgen konnte?

Mit Ihrem Hintergrundwissen über solche Abläufe im Gehirn haben Sie im Kundengespräch wertvolle Vorteile: Wenn es Ihnen gelingt, Ihrem Kunden an einer solchen Erlebensgrenze zu anderen, vielleicht ungewohnten Annahmen zu verhelfen und ihm so eine neue Sicht der Dinge zu vermitteln, haben Sie gute Chancen, mit ihm gemeinsam eine kreative Lösung für seine aktuellen Bedürfnisse zu finden. Auf diese Weise schaffen Sie einen zusätzlichen Wert für Ihren Kunden, der über das Produkt hinausgeht.

Zeigen Sie also respektvolles Interesse für die persönliche Realität Ihres Gesprächspartners: Je mehr Sie sich in seine Erfahrungen und seine Denkweise hineinversetzen können, umso besser verstehen Sie, was ihn dazu bewegt, auf seine eigene Art zu reagieren und zu entscheiden – oder eben auch nicht zu entscheiden.

Kurz gefasst:

Denken und fühlen Sie sich in die Welt Ihres Kunden ein: Bieten Sie ihm an den Stellen, wo er sich innere Grenzen setzt, eine neue Sicht der Dinge an und erleichtern Sie es ihm dadurch, neue Möglichkeiten und Lösungen zu finden.

Tipp 42: Verhelfen Sie Ihrem Kunden zur Entscheidung

Um was es geht:

Jeder Mensch ist im Grunde auf der Suche nach dem guten Gefühl – auch Ihr Kunde. Und meistens liegt hinter einer Kaufentscheidung weniger der Wunsch nach dem Produkt als solchem, sondern eher die (unbewusste) Sehnsucht nach den guten Gefühlen, die der Kauf mit sich bringen wird. Genauso unbewusst wie die Sehnsüchte sind meistens auch die Ängste des Kunden, die seine Kaufentscheidung herauszögern oder verhindern. Indem Sie diese einschränkenden Faktoren erkennen und mit dem Kunden zusammen auflösen, ebnen Sie ihm den Weg zu einem fundierten Kaufentschluss.

Kaufen Sie sich ein bestimmtes Auto nur, um von A nach B zu kommen? Die wenigsten Menschen denken und handeln so pragmatisch. Spätestens dann, wenn zwei gleichwertige Angebote zur Verfügung stehen, tauchen noch andere, meist emotionale Aspekte auf: Welches Auto hat die schönere Farbe? Die bequemeren Sitze? Den geringeren Spritverbrauch? Mit welchem mache ich den besseren Eindruck beim Partner, bei den Freunden oder Kollegen? Hier geht es um Kriterien wie Freude, Genuss, Bequemlichkeit, gutes Gewissen, Stolz, Ansehen usw. – kurz: Die Emotionen kommen ins Spiel.

Genauso aus dem Bauch heraus kommen oft die diffusen Gefühle des Kunden, die eine Kaufentscheidung zunächst verhindern oder zumindest verzögern: Sorgen, Zweifel, Misstrauen und Ängste lassen ihn eher zurückhaltend reagieren und Spontankäufe vermeiden. Vor dem Hintergrund der aktuellen Wirtschaftslage mit der Finanzkrise im großen und den unzähligen persönlichen Einschränkungen im kleinen Kontext ist das nur allzu verständlich. Nur: wie gehen Sie auf der zwischenmenschlichen Ebene konstruktiv damit um, wenn der Kunde zögert und seine Entscheidung immer wieder hinausschiebt?

Anregung:

Gehen Sie aktiv auf Ihren Kunden zu und suchen Sie das persönliche Gespräch. Viele Berater und Verkäufer haben es nie gelernt, mit solchen negativen Gefühlen eines Kunden umzugehen, dabei ist das letztendlich nicht schwer, wenn Sie ein paar einfache Aspekte beachten:

● Erinnern Sie sich daran, dass die momentanen Gefühle des Kunden aller Wahrscheinlichkeit nach mit der aktuellen Situation wenig zu tun haben, sondern eher aus alten Annahmen stammen, die mit früheren Erlebnissen zusammenhängen.

● Erfragen Sie – respektvoll – diese alten Interpretationen, und führen Sie Ihren Kunden zu neuen Annahmen, die zu einer sinnvollen neuen Sicht der Dinge führen. Denn hinter jedem Zögern und Nicht-Entscheiden steht ein Motiv, das Sie in einem natürlichen Kommunikationsprozess herausfiltern sollten: „Herr M., irgendetwas scheint Ihnen die Entscheidung schwer zu machen. Was ist es? Lassen Sie uns darüber sprechen!"

● Helfen Sie ihm dann, auf dieser Basis neue Handlungs- und Entscheidungsmöglichkeiten zu entwickeln.

Für diese Unterstützung wird Ihr Gesprächspartner Ihnen dankbar sein: Sie zeigen echtes Interesse am Kunden und seiner (äußeren und inneren) Situation; das stärkt Ihre Kompetenz aus seiner Sicht noch einmal deutlich.

An dieser Stelle bewährt es sich immer wieder, den Kunden nach seinen persönliche Kaufmotiven zu fragen, die sich – meist unbewusst – hinter diesen objektiven Kriterien verbergen, beispielsweise:

● Welche Vorteile haben Sie davon, wenn Sie X kaufen?
● Was ergibt sich langfristig für Sie daraus?
● Welchen Nutzen haben Sie (persönlich) von X?
● Welche Erleichterung/Vereinfachung … erhoffen Sie sich vom Kauf?

Oft antworten die Kunden zunächst mit abstrakten Füllwörtern (sogenannten „JoJos"), die jeder von uns spontan zu verstehen glaubt, die aber meistens bei verschiedenen Menschen völlig unterschiedliche Interpretationen auslösen. Wörter wie Erfolg, Erleichterung, Effizienz, Einfachheit, Zeiterparnis, Zufriedenheit usw. führen zu einem Pseudo-Verständnis zwischen den Gesprächspartnern, das eine konkrete Verständigung oftmals unnötig erschwert. Deshalb hinterfragen Sie ruhig solche Begriffe, und bleiben Sie solange am Ball, bis Ihr Gegenüber so genau und konkret wie möglich erklärt, welchen Nutzen er sich vom Kauf erhofft.

Damit haben Sie einen weiteren Ansatzpunkt, um Zweifel und Zögern auf Kundenseite aufzulösen: In dem Moment, in dem Ihr Kunde mit Ihrer Unterstützung genau definiert, *was* er braucht und *wozu* das auf verschiedenen Ebenen gut sein wird („Ich brauche eine Spracherkennungs-Software, mit der ich meine Angebote direkt in den Computer diktieren kann. Dann spare ich täglich eine halbe Stunde Zeit; ich kann früher nach Hause und mich mehr um meine Kinder kümmern."), können Sie die Produkte oder Dienstleistungen, die Sie anbieten, passgenau in das Profil seiner Bedürfnisse hinein platzieren. Sie ermöglichen Ihrem Kunden nun die Erfüllung von (zuvor noch unbewussten „wahren") Wünschen, und dadurch dass er nun zusätzlich auch auf der emotionalen Ebene motiviert ist, wird es ihm leichtfallen, eine fundierte Kaufentscheidung zu treffen.

Kurz gefasst:

Hinterfragen Sie respektvoll die Sorgen und Ängste Ihres Kunden und die Gründe für sein Nicht-Entscheiden. Eruieren Sie auf der persönlichen Ebene, welche alten hinderlichen Annahmen dahinter stehen, und ersetzen Sie diese Annahmen durch eine neue Sicht der Dinge, die auf aktuellen Gegebenheiten beruht. Finden Sie dann mit ihm zusammen heraus, welchen konkreten persönlichen Nutzen und welche guten Gefühle Ihr Kunde sich von einem Kauf erhofft, und stellen Sie elegant die Verbindung zu Ihrem Produkt oder Ihrer Dienstleistung her.

Sieben Tipps
für dauerhaften Erfolg

In den beiden Hauptteilen haben Sie nun zahlreiche handfeste und konkrete Tipps sowohl für Unternehmer als auch für Verkäufer gelesen. Darüber hinaus gibt es im folgenden letzten Teil des Buches noch weitere spannende und hilfreiche Aspekte, die für alle gelten, die von und mit Kunden leben.

Manches davon mag Ihnen möglicherweise etwas abgehoben oder „esoterisch", vielleicht sogar „magisch" erscheinen – wir bieten es Ihnen trotzdem an, im Sinne eines Buffets: Was Ihnen schmeckt, dürfen Sie gerne probieren, was Ihnen nicht schmeckt, lassen Sie einfach stehen: Sie spüren selbst am besten, wo sich gerade eine innere Resonanz zeigt und wo nicht.

Abgesehen davon dürfen Sie natürlich auch gerne *alles probieren*: Nur die Anregungen, die Sie selbst ausprobiert haben, lassen Sie erkennen, was zu Ihnen und Ihrer Firma passt, und ermöglichen Ihnen eigene bessere Resultate. Ihre innere Reaktion entscheidet darüber, ob Sie mit einem unserer Vorschläge (die allesamt aus langjähriger Erfahrung stammen und sich im Alltag immer wieder bewährt haben!) etwas anfangen können oder nicht – und diese innere Reaktion erfahren Sie natürlich dann am besten, wenn Sie sich auf einen Versuch einlassen …

Tipp 43: Nutzen Sie das Möglichmacher-Prinzip ...

Um was es geht:

Oft lässt sich ein Scheitern bezüglich der geplanten Umsatzziele nicht daran festmachen, dass zu wenig Fach- und Sachkenntnisse vorhanden wären, es kann vielmehr an einem der unten beschriebenen (persönlichen) Faktoren liegen.

Wenn geplante oder vorgegebene Umsatzziele nicht erreicht werden, mangelt es in den meisten Fällen weder den Unternehmern noch den Verkäufern am notwendigen Wissen darüber, wie man auch in unsicheren Zeiten Kunden gewinnen, Umsätze steigern und mehr Empfehlungen erhalten kann. Das Nichterreichen hat meistens einen oder mehrere der folgenden Hintergründe:

1. Sie stecken gedanklich und/oder emotional im Problem fest. Sie können die Lösung, obwohl sie meist naheliegend ist, nicht erkennen und geben sich irgendwann auf niedrigem Niveau mit dem Ist-Zustand zufrieden.

2. Sie wissen, was eigentlich zu tun wäre, aber Sie tun es nicht oder auf eine nicht nützliche Art und Weise: Sie befinden sich in einer kognitiven Dissonanz, das heißt, Sie denken zwar schlau, aber handeln dennoch unklug.

3. Sie verfügen nicht über die notwendige Coaching-Kompetenz, um die Blockaden in Ihrem Verhalten konstruktiv aufzulösen und sich wieder mit Ihren eigenen Ressourcen und Fähigkeiten in Kontakt zu bringen.

Von daher gilt es gezielt Coaching-Fähigkeiten zu entwickeln, um das Denken und Handeln von Menschen (also auch Ihr eigenes) zunächst verstehen zu lernen und anschließend in die gewünschte Richtung zu lenken.

> **Ein Beispiel:**
>
> Finanzmakler Alexander B. hatte beschlossen, seinen Umsatz im Bereich Fondsprodukte um 30 Prozent zu steigern. Nun verfügte er zwar über die notwendigen Fachkenntnisse, doch überkamen ihn immer wieder Unsicherheit und die Angst, sein Ziel nicht zu erreichen. Diese Angst engte seine Sichtweise drastisch ein und bewirkte, dass er sich schon nach kurzer Zeit seiner Handlungsmöglichkeiten nicht mehr bewusst war. Angst entsteht oft aus einem vorgestellten Verlust, also aus der Befürchtung heraus, etwas zu verlieren: Geld, Ansehen, die Position im Betrieb, die Selbstachtung oder auch nur eine bestimmte Annahme über eine Situation. Und eine solche Angst kann rasch bewirken, dass man sich von seinem Ziel entfernt, anstatt ihm näher zu kommen.

Die Lösung: das Coaching-Instrument „klärende Beobachterposition":

Dazu wurde Alexander B. in einer persönlichen Beratung gebeten, drei Blätter Papier zu nehmen und sie folgendermaßen zu beschriften:

- Alexander
- Klärende Beobachterposition
- 30 Prozent mehr Umsatz mit Fondsprodukten.

Anschließend stellte er sich auf das Blatt „klärende Beobachterposition" (KBP) und sah sich seine Situation aus dieser neutralen Distanz an. Er wurde gebeten, in der Rolle als Beobachter die folgenden Fragen zu beantworten:

1. Was fällt Ihnen als erstes auf? Was ist das Problem für Alexander? Gibt es ein „Problem hinter dem Problem"?

2. Was will er wirklich, was ist sein klares Ziel? Was soll sich für Alexander aus dieser Situation Gutes ergeben?

3. Was braucht er, um sein Ziel erreichen zu können?

4. Welche Ressourcen stehen ihm schon zur Verfügung, welche muss er sich noch beschaffen? Wie kann er sie bekommen, wer kann ihm möglicherweise dabei helfen?

Und schließlich:

5. Wie steht Alexander jetzt zu seinem Ziel? Weiß er, wie er es erreichen kann, wenn nein: was fehlt ihm noch dazu? Und was ist sein nächster Schritt zur Umsetzung?

Mit Hilfe dieser einfachen Methode erkannte Alexander B. die Ursache seines Problems und entdeckte rasch neue Möglichkeiten. Die wichtigsten schrieb er ebenfalls auf ein Blatt Papier und legte sie im Raum auf den Boden. Indem er sich nacheinander auf eines dieser Lösungsblätter stellte und von dort aus das Blatt mit seinem Ziel „30 Prozent mehr Umsatz" betrachtete, konnte er sofort spüren, welches der ideale Weg für ihn sein würde.

Durch dieses Coaching-Instrument gelang es ihm, gedanklich aus seinem Problemkreis herauszutreten und von außen klarer zu erkennen, was ihn bisher blockiert hatte. Mit Hilfe der neu gefundenen Strategien und ungeahnten Möglichkeiten kam er anschließend wieder ins konkrete Handeln und konnte den Weg zu seinem Ziel konsequent und erfolgreich weiter verfolgen.

Anregung:

Indem Sie sich mit Coaching-Prozessen vertraut machen, helfen Sie sich und anderen, in schwierigen Situationen neue nützliche und begeisternde Möglichkeiten aufzufinden. Dazu ist es hilfreich, dass Sie sich mit Veränderungen anfreunden: Mit einem neuen Verhalten werden Sie neue Erfahrungen machen und neue Erfolge erzielen; wenn Sie sich dagegen sträuben, werden Sie über kurz oder lang im Problem stecken bleiben – und die Veränderungen finden ohne Sie statt!

Keine Angst vor dem Neuen! Werden Sie zu einem Möglichmacher, der jederzeit notwendige Veränderungen in gewinnbringende Chancen umwandeln kann – zum Nutzen für Ihre Kunden, für Ihre Verkäufer und für sich selbst.

Kurz gefasst:

Ein Möglichmacher hilft seinen Kunden oder Verkäufern (und sich selbst) dabei, das zu erreichen was sie gerne

- haben
- tun
- sein möchten ...

Tipp 44: ... und den „Kunden-Lieferservice"

Um was es geht:
Dieser Praxis-Tipp ist wahrscheinlich für manche von Ihnen etwas ungewöhnlich: „Bestellen" Sie sich Ihre Wunschkunden! Wagen Sie etwas, probieren Sie es einfach aus! Sie können nur dabei gewinnen!

Die Quantenphysik hat vor längerer Zeit entdeckt, dass alles in uns und um uns herum in Schwingung ist. Auch die Energie unserer Gedanken wird durch harmonische Schwingungen, die sogenannten stehenden Wellen transportiert, das heißt, sie trifft früher oder später auf eine oder mehrere Wellen mit derselben Schwingungsenergie und geht in Resonanz mit ihnen. Das führt dazu, dass wir das, was wir häufig denken und auf was wir unsere Gedankenenergie ausrichten, im Alltag wie magisch anziehen. (Weitere interessante Informationen hierzu finden Sie übrigens unter www. global-scaling.de.)

Ein Beispiel:

Viele Finanzberater wissen sehr genau, was sich **nicht** wollen. Nach ihren Lieblingskunden befragt antworten sie dann beispielsweise: „Ich möchte keine Kunden, die nur 200 Euro im Monat sparen können." Das ist etwa so, wie wenn Sie zum Bahnhof gehen und sagen: „Bitte eine Fahrkarte – aber ich möchte nicht nach München." Das klingt zunächst lustig, hat aber in der Realität fatale Folgen: Zum einen werden Sie auf diese Weise Ihre Wunschkunden nicht bekommen (Sie wissen ja anscheinend selbst noch nicht genau, wer diese sind!) und zum anderen wird genau das eintreten, wovon Sie sprechen: Kundenmangel.

Das liegt hauptsächlich daran, dass das Unterbewusstsein in Bildern denkt: Bei der Formulierung „keine Kunden, die nur 200 Euro im Monat sparen können" stellt es sich zunächst einmal ganz automatisch *genau solche* vor – und sendet damit die Schwingungsfrequenz aus, die eben diese Kunden auch anzieht.

Im Gegenzug bedeutet das allerdings auch, dass Sie dieses Prinzip genauso gut *für* sich nutzen können:

> **Anregung:**
>
> Sie brauchen völlige Klarheit darüber, welche Kunden Sie haben wollen – und es ist auch wichtig zu definieren, wie viele es sein sollen und wann Sie sie finden werden. Wenn Sie häufig und spezifisch daran denken, was Sie wollen, dann bekommen Sie das auch, denn das, was Sie denken, ziehen Sie auch an, magisch und zuverlässig. Wenn Sie dagegen nicht genau sagen können, was Sie wirklich wollen, können Sie es auch nicht bekommen …

Hier ist die genaue Anleitung für den „Kunden-Lieferservice":

1. Bestellung absenden: Schreiben Sie auf, welche Kunden Sie wann haben wollen. Formulieren Sie „Ich habe … (Neu-)Kunden", also in der Gegenwart, so als sei der Wunsch schon in Erfüllung gegangen.

2. Glauben Sie unerschütterlich daran und wissen Sie, dass Ihr Wunsch sich bereits in der Erfüllungsphase befindet! (Und zwar genau so, als ob Sie eine Bestellung bei einem Versandhaus aufgeben!)

3. Manifestieren Sie die neue Realität, indem Sie sich genau vorstellen, wie das ist mit den neuen Kunden: Was sehen oder hören Sie? Wie fühlt es sich an? Spüren Sie, dass Sie Ihr Ziel bereits erreicht haben!

4. Wenn Sie ein inneres Gefühl von Dankbarkeit empfinden, dann wissen Sie, dass sich alles in Ihrem Sinne ereignen wird …

Und wenn Ihnen das mit dem Bestellen zu undurchsichtig ist und das mit den Schwingungen zu wissenschaftlich, dann hier noch eine dritte Erklärungshilfe: Wenn Sie – konkret und spezifisch-messbar – formulieren: „Ich möchte jede Woche vier Neukunden, die mehr als 500 Euro im Monat sparen können", dann beschäftigen Sie sich schon bald tatsächlich mit der konkreten Frage, wann, wo und wie Sie genau diese Kunden finden können, und damit kommen Sie unmittelbar ins Handeln.

Kurz gefasst:

Wer genau weiß, was er will, und auch sagt, was er will, der bekommt, was er will. Immer? Nun, wahrscheinlich nicht immer. Aber öfter!

Tipp 45: Betrachten Sie Ihre Vision vom Ende aus ...

Um was es geht:
Ein Anliegen zu verfolgen oder ein Ziel anzustreben, bedeutet oft, einen langen und nicht immer von Anfang an überschaubaren Weg anzutreten. Um dabei auf Kurs zu bleiben, ist es hilfreich, die Perspektive zu wechseln und das Ganze einmal vom Ende aus zu betrachten.

Diese Anregung mag auf den ersten Blick eine gewisse Ähnlichkeit zur Zieldefinition in einem der vorigen Kapitel aufweisen – hier geht es allerdings eher darum, dass Sie sich vergegenwärtigen, welche Emotionen Sie im Zusammenhang mit Ihrem Vorhaben empfinden und wie Sie sich bezüglich Ihrer Vision oder Ihres Ziels fühlen werden, wenn Sie es erreicht haben.

Anregung:

Stellen Sie sich vor, Sie haben Ihr Ziel erreicht, Ihre Vision verwirklicht. Überlegen Sie mit Hilfe der folgenden Fragen, was genau Sie dann erreicht haben, wie das aussieht und sich anfühlt und auch wie Sie den Weg dorthin konstruktiv und begeistert bewältigen können:

• Woran werden Sie feststellen, dass Sie an Ihrem Ziel angekommen sind?

• Nutzen Sie Ihre Sinne: Was werden Sie dann sehen, hören, fühlen? Was werden Sie von Ihrer Familie, von Ihren Freunden hören? Wie werden Sie sprechen? Wie zeigen Sie Ihre Freude oder Ihren Stolz über den Erfolg?

• Wenn Sie von diesem Zustand aus zurückblicken: Zu welchem Zeitpunkt haben Sie gewusst, dass Sie es schaffen werden?

- Was ist an diesem Zeitpunkt geschehen? Wie haben Sie dieses Geschehen (mit-)verursacht oder gestaltet?

- Wann hatten Sie den halben Weg zu Ihrem Ziel zurückgelegt? Welche Hälfte war schwerer, welche fiel Ihnen leichter? Woran kann das gelegen haben?

- Halten Sie rückblickend die wichtigsten drei bis fünf Etappen fest und beschreiben Sie, was dabei jeweils der wesentliche Punkt oder Gedanke, die neue Sicht, die weiterführende Entscheidung war.

- Welche Rückschläge mussten Sie einstecken? Wie sind Sie damit umgegangen, haben vielleicht sogar einen Nutzen daraus gezogen?

- Welches war für Sie die wichtigste Unterstützung von außen?

- Was haben Sie bei der Umsetzung dieses Ziels für sich Neues erfahren, welche neuen interessanten Menschen haben Sie kennen gelernt?

Nutzen Sie Ihre Fantasie und Ihr Fachwissen: Sie kennen die Abläufe in Ihrem beruflichen Umfeld bis ins Detail und können sich mit Sicherheit vorstellen, wie eine solche gelungene Umsetzung aussieht. Machen Sie sich zu diesen Fragen ruhig ein paar Stichpunkte und ergänzen Sie diese, wenn Ihnen später noch etwas dazu einfällt.

Skeptiker werden einwenden, dass das ja eigentlich nur eine Fantasiereise oder Träumerei ist – zu Recht. Allerdings kann Sie niemand daran hindern, Ihren Traum zu träumen – und ihn zu gegebener Zeit in die Realität umzusetzen.

Ein Beispiel:

In einem Klassenaufsatz beschrieb ein Schüler seine Zukunft: Er träumte von einem prachtvollen Haus auf einem großen Grundstück, von eigenen Pferden und einem Leben in Wohlstand. Sein Lehrer gab ihm den Aufsatz zurück mit der Note 5 und der Anweisung, er solle seine Zukunft doch etwas realistischer beschreiben, um eine bessere Note zu bekommen. Jahre später lud der Schüler seinen Lehrer ein: in sein prachtvolles Haus auf dem großen Grundstück. Er zeigte ihm die Pferde und meinte: „Behalten Sie die 5, die Sie mir damals für den Aufsatz gaben, und ich behalte meine Träume ..."

Sie sehen, selbst aus Wunschträumen können Sie für sich ein paar wesentliche Erkenntnisse ableiten:

1. Sie machen sich einmal mehr bewusst, dass *Sie* der Gestalter sind;

2. Sie bekommen einen anderen, emotionaleren Blick dafür, wie sich dieser Weg zu Ihrem Ziel an den verschiedenen Stationen anfühlen wird und

3. Sie nutzen das Hochgefühl, das Sie am Ende empfinden werden, bereits unterwegs als motivierenden Treibstoff, mit dessen Hilfe Sie auch die eine oder andere Durststrecke bewältigen werden.

4. Sie erkennen klarer, welche Ressourcen Ihnen von Anfang an zur Verfügung stehen und um welche Sie sich noch kümmern sollten;

5. Sie sind besser darauf gefasst, dass zwischendurch auch kleine Rückschritte oder Misserfolge eintreten können, und Sie stärken Ihr Vertrauen darauf, dass Sie Mittel und Wege finden werden, die Schwierigkeiten zu meistern.

6. Möglicherweise erkennen Sie auch, dass der eine oder andere Teil Ihrer Pläne noch nicht so realisierbar ist, wie Sie sich das im Moment vorstellen; vom Ende aus betrachtet fehlt es vielleicht am benötigten Kundenpool oder an der Manpower zur zügigen Umsetzung oder … oder … oder … – in diesem Fall können Sie rechtzeitig eingreifen und die notwendigen Korrekturmaßnahmen einleiten.

So werden Sie, indem Sie Ihr Ziel vorab erträumen und sich diesen vorausschauenden Fragen stellen, wertvolle Erkenntnisse für die Gestaltung Ihrer Umsetzung gewinnen. Aus dieser anderen, umgekehrten Perspektive eröffnen sich oftmals Details, an die Sie vorher in der geradlinigen Start-Ziel-Schau nicht gedacht hatten.

Kurz gefasst:

Haben Sie den Mut, Ihr Anliegen oder Ihre Vision vom Ende aus zu betrachten und nutzen Sie die Erkenntnisse, die Sie daraus gewinnen, als Treibstoff für Ihren direkten Weg zum Ziel.

Tipp 46: Tun-Haben-Sein – oder doch besser umgekehrt?

Um was es geht:

In vielen Kreisen gilt heute noch: Man muss viel tun (= arbeiten), um dann eines Tages viel zu haben (= „mein Haus, mein Auto, mein Pferd"), um dann endlich „Jemand" zu sein (= bekannt, beliebt, gefragt). Wir empfehlen: Drehen Sie diese Reihenfolge doch einmal ganz spielerisch um …

Sicher kennen Sie den Spruch von Danny Kaye, der sinngemäß lautet: „Heute gibt der Mensch Geld aus, das er nicht hat, für Dinge, die er nicht braucht, um damit Leuten zu imponieren, die er nicht mag." Und möglicherweise geht er, um dieses Geld zu verdienen, auch noch einer Beschäftigung nach, die ihm keinen Spaß macht, und schuftet schließlich bis zum Burnout …

Lassen Sie es nicht so weit kommen! Betrachten Sie das Ganze einmal aus einem anderen Blickwinkel:

Beginnen wir beim „Sein": Sie sind eine vielseitige Persönlichkeit mit Charakter und eigenem Profil. Sie sind wissensdurstig, neugierig und ausdauernd (sonst hätten Sie dieses Buch nicht bis zu diesem Kapitel gelesen) und außerdem konsequent; Sie setzen sich dafür ein, das Beste aus Ihrer Arbeit, aus Ihrem Tag und aus Ihrem Leben zu machen. Möglicherweise sind Sie in Ihren Kreisen auch sehr beliebt; Sie sind intellektuell und emotional kompetent, mutig, gelassen, beweisen innere Stärke und mit Sicherheit noch vieles mehr.

Anregung:

Welches sind Ihre drei herausragendsten positiven Eigenschaften? Vervollständigen Sie: „Ich bin …

1._____ 2._____ 3._____ "

Wir kommen zum „Haben": Sie haben wahrscheinlich eine stabile soziale Umgebung (Wohnen, Kleidung, Essen, Freunde, Gesundheit …) – und vor allem haben Sie jede Menge Talente und Ressourcen. Sie haben Fragen, Visionen, Ziele. Und Sie haben Ideen und Pläne, wie Sie dorthin gelangen können.

Wenn Sie sich nun mithilfe dieser einfachen Fragen bewusst werden, dass Sie schon vieles „sind" und aufgrund dessen auch vieles „haben", ergibt sich der dritte Schritt schon fast automatisch: Jetzt können Sie in Leichtigkeit zum „Tun" übergehen; Sie können elegant ins Handeln kommen, ohne dass alles, was Sie unternehmen, dem Zwang unterliegt, unbedingt zum Erfolg führen zu müssen, damit es letzten Endes (scheinbar!) Ihre Persönlichkeit stärkt ...

Solche Hilfsmittel benötigen Sie nicht mehr, und Sie werden sehen, dass Ihnen allein die Umkehr dieses ursprünglichen Gedankens (etwas tun, um dadurch etwas zu haben und deshalb dann jemand zu sein) Kraft geben und im übertragenen Sinn den Rücken stärken kann: Sie *sind* eine Persönlichkeit und *haben* viele Möglichkeiten, und damit können Sie etwas anfangen, etwas *tun*.

Welches ist Ihr persönliches *Sein*?

Kurz gefasst:

Verlassen Sie hier ein altes Denkmuster zugunsten eines neuen und lassen Sie sich nicht in oberflächliche Vorgaben pressen. Ihre inneren Werte und Ressourcen werden Sie auf lange Sicht zuverlässiger tragen als irgendwelche Statussymbole.

Tipp 47: Ihr Wertekodex als Erfolgsnavi

Um was es geht:

In vielen Situationen gilt es Entscheidungen zu treffen, und oft sind die Kriterien, nach denen das geschieht, unklar oder widersprüchlich, und es ist im Augenblick nicht erkennbar, wie Sie Ihre Bemühungen zum nachhaltigen Erfolg führen.

Wenn Sie derzeit als Unternehmer oder Verkäufer tätig sind, haben Sie einen der anstrengendsten Berufe, die es in diesen schwierigen Zeiten gibt. Immer wieder gilt es abzuwägen, zum Beispiel wie folgt:

- Soll ich an diesem schwierigen Kunden noch weiter dranbleiben, obwohl er bislang die Kaufentscheidung immer wieder verschoben hat? Er würde immerhin ein Auftragsvolumen von 40.000 Euro generieren. Andererseits wird er uns möglicherweise oft mit Querelen und Beschwerden beschäftigen und dadurch viel wertvolle Zeit kosten ...

- Soll ich diese Investition in das Unternehmen riskieren? Eigentlich ist das finanziell riskant – andererseits könnte ich dadurch, wenn es gut geht, vermutlich den Marktanteil steigern und die Arbeitsplätze meiner Angestellten sichern ...

- Ist es sinnvoller, Produkt A oder Produkt B in unser Angebot aufzunehmen? Oder wäre es am besten, stattdessen ein drittes Produkt C zu entwickeln?

Egal ob im Kleinen oder im Großen – manchmal scheint es unmöglich herauszufinden, welches die „richtige" Entscheidung ist. Vielleicht kann Ihnen hier in Zukunft der folgende Fragenkatalog eine Unterstützung sein.

Anregung:

Überlegen Sie bei der nächsten anstehenden Entscheidung, wie Sie auf der Ebene Ihres Selbst auf die folgenden Fragen reagieren:

1. Wie würde ich entscheiden, wenn ich keine Vergangenheit hätte? (... wenn ich frei von alten Erfahrungen wäre?)

2. Fühlt sich diese Entscheidung richtig gut an? Oder gibt es von Anfang an ein komisches Gefühl? Was sagt mir meine innere Stimme?

3. Möchte ich dort ankommen, wohin mich diese Entscheidung führt? Kann ich das überhaupt einigermaßen absehen?

4. Ist die Entscheidung gut für die ganze Familie? (... für das ganze Unternehmen?)

5. Ist diese Entscheidung zu diesem Zeitpunkt meines Lebens sinnvoll?

6. Mag ich die Menschen, mit denen ich dadurch zu tun bekomme? Oder weiß ich schon jetzt, dass meine Arbeit durch sie anstrengender und uneffektiver wird?

7. Ist diese Entscheidung moralisch einwandfrei und gerechtfertigt?

8. Bietet meine Entscheidung mehr Spielraum für Kreativität und Inspiration? Bleibt meine Entscheidungsfreiheit durch sie gewahrt?

9. Wird diese Entscheidung mir helfen zu wachsen?

Gehen Sie Ihre Entscheidungsfrage anhand dieses Katalogs durch und seien Sie ehrlich mit sich selbst. Vielleicht lässt es sich manchmal nicht vermeiden, die Entscheidung entgegen einer klaren Tendenz am Ende doch noch andersherum zu treffen – aber dann wissen Sie dank Ihrer Antworten auch schon, welchen Preis Sie dafür bezahlen. In jedem Fall gewinnen Sie an Klarheit und Transparenz für sich und Ihre Arbeit.

Kurz gefasst:

Im Zweifelsfall ziehen Sie bei einer Entscheidung Ihre innere Werteskala zu Rate: Checken Sie mögliche Folgen für die Ebene Ihres Selbst genau ab, bevor Sie eine Wahl treffen.

Tipp 48: Der beste Berater: Die Kraft Ihrer Intuition

Um was es geht:

Manchmal wird Ihnen auch der oben aufgeführte Fragenkatalog nicht wirklich weiterhelfen – dann gibt es nur noch eines: die Entscheidung aus dem Bauch heraus.

In den letzten Jahren häufen sich die Forschungsergebnisse, die belegen: Intuitive Entscheidungen sind oft ökonomischer, schneller und besser als solche, die aus analytischen Überlegungen heraus getroffen werden. In vielen Fällen üben emotionale Aspekte einen wesentlichen Einfluss aus, und wir stützen uns lieber auf das berühmte Bauchgefühl als auf unsere Logik, wir entscheiden aus der Intuition heraus.

Aber wäre nicht auch eine objektive Nutzenanalyse oder Nutzenoptimierung eine brauchbare Vorgehensweise? Eine ausführliche Pro- und Kontra-Liste? Grundsätzlich ist dagegen nichts einzuwenden und in vielen Fällen ist ein solches Vorgehen sicherlich auch angebracht. Gleichzeitig gibt es ein paar Gründe, die gegen dieses Prinzip sprechen:

1. Wichtige Entscheidungskriterien lassen sich meist sehr schwer in Zahlen fassen, und nur anhand von konkreten Zahlen können Sie Pro und Kontra letztendlich objektiv gegenüberstellen.

2. Wer Kosten und Nutzen immer genau berechnen will, macht sich an vielen Stellen das Leben (unnötig) schwer: Hätte es nicht hier noch eine billigere Variante gegeben, oder wären nicht dort ein paar Tage später die Zinsen noch weiter gefallen? Wer sich an der richtigen Stelle mit etwas weniger zufrieden gibt, ist und bleibt auf lange Sicht oft viel zufriedener als der Kollege oder Konkurrent, der sich noch weiterhin um Optimierung bemüht, aber immer die Befürchtung hegt, er habe zu früh aufgegeben (und der sich so auf Dauer innerlich aufreibt).

3. Berechnete Entscheidungen sind darüber hinaus nachweislich häufig schlechter als intuitive. Und dabei ist ein Aspekt verblüffend: Für gute Entscheidungen in einer unsicheren Welt ist es hilfreich, manche Informationen einfach wegzulassen. Denn nicht alle Informationen, die zur Verfügung stehen, sind für die Entwicklung in der Zukunft auch wirklich relevant, manche verwirren eher.

In vielen Fällen gilt also: Wir entscheiden dann besonders gut, wenn wir nicht zu lange darüber nachdenken. Zahlreiche Forschungen unterstützen diese These; so ist zum Beispiel auch bei Handballern und Schachspielern nachgewiesen, dass die erste Idee für einen Spielzug tatsächlich meist die beste ist; selbst beim Golfspiel oder bei der Wohnungswahl haben Experimente gezeigt, dass die Resultate besser werden, wenn man die zur Verfügung stehende Zeit beschränkt, die Informationen begrenzt und somit ein eher intuitives Vorgehen auslöst. Nebenbei: Für Sokrates war Intuition „das Meinen des Richtigen, ohne Rechenschaft darüber geben zu können"...

Kurz gefasst:

Finden Sie für sich eine gute Mischung aus rationalem Überlegen und intuitiver Entscheidung, und lassen Sie dabei auch Ihr Bauchgefühl genügend zu Wort kommen!

Tipp 49: ... wenn „der Mist fliegt" – der moderne „Alche-Mist"

Um was es geht:

Sind Sie ein skatologischer Alchemist? Also jemand, der aus Mist (das heißt verfahrenen Situationen) noch Gold machen kann? Das kann in so manchen Fällen eine wertvolle Hilfe sein.

Skatologie (die Lehre von den Exkrementen) und Alchemie (die Kunst aus wertlosem Material Gold zu machen) lassen sich – auch wenn es auf den ersten Blick widersprüchlich erscheint – gut miteinander verbinden. Und dafür benötigen Sie nicht unbedingt eine herausragende Begabung: Es gibt auch hier gedankliche Anregungen und Beispiele, die den Blick dafür weiten können, was in einer vordergründig verfahrenen Situation doch noch einen Weg aus der Sackgasse eröffnen kann.

In vielen Fällen ist es schon allein hilfreich, einen „ver-rückten" Perspektivenwechsel zu vollziehen, den eigenen Blick auf die Geschehnisse zu verrücken. Angenommen, Sie stecken in einer scheinbar ausweglosen Situation, haben sich schon mit Menschen aus Ihrer unmittelbaren Umgebung beraten (Kollegen, Partner, Freunde) und wissen immer noch nicht weiter. Und vielleicht haben Sie sich auch schon gefragt: Wie würde ein anderer Mensch reagieren und handeln, zum Beispiel Ihr bester Freund, Ihr Vater oder ein erfolgreicher Verkäufer bzw. Unternehmer, wenn er tatsächlich an Ihrer Stelle wäre?

Anregung:

Erweitern Sie Ihre Perspektive noch mehr: Denken Sie auch an Personen, die nicht unmittelbar mit Ihrem Alltag zu tun haben. Was würde Ihr Hausarzt oder Ihr früherer Lieblingslehrer in Ihrer Situation tun? Ihr Hausmeister? Der Koch in der Firmenkantine? Der freundliche Taxifahrer? Die Dame am Bankschalter? Oder gehen Sie noch weiter: denken Sie an Personen des öffentlichen Lebens (Anna Netrebko, Reinhold Würth, Lothar Späth, Angela Merkel, Dalai Lama, Brad Pitt, Julia Roberts, John Wayne oder Pater Anselm Grün usw.), oder auch an Filmfiguren wie Daniel Dareus (Wie im Himmel), Scarlett O'Hara (Vom Winde verweht) oder Harry Potter, Forrest Gump oder Sherlock Holmes:

- Wie würde er oder sie sich an Ihrer Stelle verhalten?

- Wen oder was würde diese Person zu Rate ziehen?

- Wo liegen die Stärken und Ressourcen dieses Menschen?

- Und welchen dieser Aspekte und Sichtweisen können Sie jetzt, in Ihrer aktuellen Situation, für sich nutzen?

So ein einfacher Perspektivenwechsel bringt oft frische und ungewöhnliche Ideen zum Vorschein, erweitert den Blick über den eigenen Tellerrand hinaus.

Ein Beispiel:

Ein guter Bekannter arbeitet seit Jahren als Tanzlehrer. Einer der wichtigsten Kundenpools sind die Gymnasiasten der achten und neunten Klassen aus den umliegenden Schulen, die jeweils im Herbst eines Jahres zum Anfängerkurs eingeladen werden. Vor ein paar Jahren brach die Zahl der Neuanmeldungen ganz plötzlich um etwa 80 Prozent ein. Was war geschehen? Die Gymnasien hatten die Schulzeit von neun auf acht Jahre verkürzt und den Unterrichtsstoff entsprechend verdichtet; die Schüler hatten fast jeden Tag Nachmittagsunterricht bis 17.00 oder 18.00 Uhr; Hausaufgaben waren auch noch zu erledigen. Da blieb wenig Zeit, um anschließend noch einem Hobby nachzugehen. Wie hat nun die Tanzschule darauf reagiert? Sie hat ihre Tanzlehrer (vor allem die jüngeren) einfach an die Schulen geschickt: Und jetzt gibt es dort Tanzkurse in Freistunden oder in der Mittagspause, im Gymnastikraum oder in der Pausenhalle. Die Schüler nutzen ihre Leerzeiten sinnvoll, die Tanzschule konnte den drastischen Umsatzrückgang auffangen und mit diesem neuen Konzept sogar mehr Tanzschüler gewinnen als zuvor.

Kurz gefasst:

Sogar aus dem „Mist", der immer irgendwie passiert, lässt sich noch etwas Gutes entwickeln – wenn es Ihnen gelingt, dass Sie ihn nicht als Mist begreifen, sondern als „Material", aus dem Sie „Gold" herstellen können.

Literaturverzeichnis

Bettger, Frank: Lebe begeistert und gewinne. Zürich 2003.

Christiani, Alexander: Magnet Marketing. Frankfurt am Main 2002.

Förster, Anja/ Kreuz, Peter: Alles, außer gewöhnlich. Düsseldorf 2007.

Löscher, Roland M./Geisselhart, Roland: Verkaufen in der Krise. Optimisten sind erfolgreicher. Regensburg 2009.

Peters, Tom: Re-imagine. Spitzenleistungen in chaotischen Zeiten. München 2004.

Simon, Hermann: 33 Sofortmaßnahmen gegen die Krise. Wege für Ihr Unternehmen. Frankfurt 2009.

Interessante und nützliche Internetseiten:

www.bumerang-prinzip.de (Newsletter, Seiwert-Tipp der Woche)

www.marketing-trendinformationen.de (Newsletter „Verkauf & Vertrieb inside" und „Werbe- & PR-Profi")

Stichwortverzeichnis

Der Autor

Roland M. Löscher, Diplom-Betriebswirt, ist Management-Consultant, Business-Coach, Dozent und Autor. Er gilt als Experte für Kundengewinnung, Verkauf und persönliche Veränderungsprozesse. Seine Kunden profitieren von seiner über 20-jährigen Erfahrung in Vertrieb und Top-Management (CEO) von Unternehmen der Industrie-, Bildungs- und Finanzbranche.

Heute leitet Roland M. Löscher das Erfolgsberatungsunternehmen LCC. Er ermöglicht Unternehmern, Führungskräften und Verkäufern mehr Gewinn und mehr Sinn. Er ist Autor des Buch-Bestsellers „Verkaufen in der Krise – Optimisten sind erfolgreicher!" sowie zahlreicher Fachartikel. Von 2004 bis 2008 war er Mitglied der „Excellent Speakers Top 100-Referenten". 2009 und 2010 wurde er als „Best of Semigator-Trainer/-Coach Deutschland" ausgezeichnet.

Roland M. Löscher lehrt als Dozent der Deutschen Immobilien Akademie an der Universität Freiburg sowie an der ZfU International Business School (CH).

Kontakt:
LÖSCHER COACHING | CONSULTING
Postfach 1101
88669 Markdorf
Tel.: 07544–742694 Fax: 07544–742687
E-Mail: info@rolandmloescher.de
Internet: www.rolandmloescher.de

GPSR Compliance

The European Union's (EU) General Product Safety Regulation (GPSR) is a set of rules that requires consumer products to be safe and our obligations to ensure this.

If you have any concerns about our products, you can contact us on ProductSafety@springernature.com

In case Publisher is established outside the EU, the EU authorized representative is:

Springer Nature Customer Service Center GmbH
Europaplatz 3
69115 Heidelberg, Germany

The manufacturer's authorised representative in the EU is Springer
Nature Customer Service Centre GmbH, Europaplatz 3, 69115 Heidelberg,
Germany. If you have any concerns regarding our products, please
contact ProductSafety@springernature.com

Printed and bound by CPI Group (UK) Ltd, Croydon, CR0 4YY

24/04/2026

02096334-0007